LES RECETTES DE

Jérôme et Lucile

DE LA GRAINE À L'ASSIETTE :
cultiver ET *cuisiner* SES LÉGUMES
AU FIL DES SAISONS

LEDUC

REJOIGNEZ NOTRE COMMUNAUTÉ DE LECTEURS !

Inscrivez-vous à notre newsletter et recevez des informations sur nos parutions, nos événements, nos jeux-concours… et des cadeaux !
Rendez-vous ici : **bit.ly/newsletterleduc**

Retrouvez-nous sur notre site **www.editionsleduc.com** et sur les réseaux sociaux.

Leduc s'engage pour une fabrication écoresponsable !
« Des livres pour mieux vivre », c'est la devise de notre maison. Et vivre mieux, c'est vivre en impactant positivement le monde qui nous entoure ! C'est pourquoi nous avons fait le choix de l'écoresponsabilité. Un livre écoresponsable, c'est une impression respectueuse de l'environnement, un papier issu de forêts gérées durablement (papier FSC® ou PEFC), un nombre de kilomètres limité avant d'arriver dans vos mains (90 % de nos livres sont imprimés en Europe, et 40 % en France), un format optimisé pour éviter la gâche papier et un tirage ajusté pour minimiser le pilon ! Pour en savoir plus, rendez-vous sur notre site.

Avec la collaboration d'Alix Lefief-Delcourt
Conseil éditorial : Julien Dupuis
Édition : Élise Peylet
Relecture : Audrey Peuportier
Photographies des portraits de Jérôme et Lucile et p. 18, 34, 48 et 50 : © Catherine Delahaye
Set-design : Amélie Callier-Broyer
Photographies des recettes et set-design : © Guillaume Marinette
Photographies des légumes : ©Shutterstock et ©Adobestock
Design couverture et maquette : Marthe Oréal

10, place des Cinq-Martyrs-du-Lycée-Buffon
75015 Paris – France

ISBN : 979-10-285-2604-7

SOMMAIRE

PRÉFACE

Jérôme et Lucile font partie des couples emblématiques de *L'Amour est dans le pré*. Dès ma première rencontre avec Jérôme (en 2020), j'ai perçu la bonté, la gentillesse et l'humour de cet homme qui était tout à fait prêt à aimer et à être aimé. Ne manquait que la petite étincelle qui crée la rencontre avec LA femme qu'il attendait désespérément.

Les applications et les réseaux sociaux, ces nouveaux outils de rencontre, ne sont pas du tout adaptés à la quête de l'amour sincère. Et beaucoup de gens, comme Jérôme, sont désemparés. J'ai été très touchée en faisant son portrait parce que son cœur et ses bras étaient grands ouverts, mais il ne savait pas vers qui les tendre. Lorsqu'il a reçu son courrier, cet homme, qui était peu sûr de lui et de sa capacité à être aimé, est tombé immédiatement amoureux de Lucile. Lucile est une princesse qui s'ignore, aussi belle intérieurement qu'extérieurement.

Leur rencontre a été un véritable coup de foudre, palpable, et comme tous les téléspectateurs, nous avons perçu cette énergie d'amour qui nous dépasse, qui nous touche, qui nous englobe et qui nous fait sourire devant notre télévision. Dès le premier regard, l'évidence de leur histoire leur a fait perdre tous leurs moyens, et ce moment magique a été pour moi comme un cadeau. Cette énergie qu'est l'amour est comme un matériau, finalement, que l'on peut observer. Je pense qu'on sous-estime la puissance de l'amour.

Cette évidence se poursuit aujourd'hui. Lucile, elle aussi, n'attendait qu'à être aimée, enfin. Elle avait beaucoup donné et peu reçu par le passé. Depuis leur rencontre, ils écrivent à deux (et maintenant à trois !) leur histoire. Lucile a totalement adapté sa vie à celle de Jérôme. Elle qui était fan de permaculture a réussi à influencer cet homme, qui était pourtant agriculteur depuis plusieurs générations. Elle a permis à cette exploitation de retrouver de la vie. Elle a mis du sourire et de l'énergie positive dans ce travail accablant.

Le métier de maraîcher est pour moi un des métiers les plus difficiles. On est courbé, on est à genoux, on est tout le temps près du sol, quel que soit le temps, on n'a pas de grosses exploitations (donc peu d'aides de la PAC) et on fait très peu de marge commerciale. Donc il faut être motivé par l'amour de la terre et avoir à cœur la noble mission de nourrir les Français.

D'ailleurs, avant de se poser sur la terre de ses ancêtres, Jérôme a longtemps réfléchi, hésité. Parce qu'il connaissait l'enjeu de l'agriculture, il a fait le tour du monde, a eu plusieurs métiers.

L'histoire de Lucile et Jérôme va au-delà d'une histoire d'amour. Ils sont une équipe, une fusion, ensemble leur mission est désormais de partager leur passion des légumes, du « bien manger ».

Manger des légumes tous les jours est fondamental pour la santé, on le sait. Mais aujourd'hui, c'est aussi un acte écoresponsable de manger davantage de légumes et moins de protéines animales. Les légumes permettent de lutter contre l'obésité et les maladies comme le cancer, ils sont à la source de l'énergie dont nous avons besoin. Les fruits et les légumes (dont les légumineuses) devraient être la base de notre alimentation, et toute action qui aide à cette prise de conscience est pour moi vitale. Donner envie de goûter, exciter les papilles, mettre de la joie dans la cuisine des légumes est une meilleure solution que de culpabiliser les gens qui n'en mangent pas assez.

Jérôme et Lucile sont très présents sur les réseaux sociaux. Et n'en déplaise aux jaloux, grâce aussi à ce couple formidable, l'image des agriculteurs est en train de changer. Jérôme et Lucile seront sans doute aussi à l'origine de plusieurs vocations, parce qu'ils nous montrent chaque jour qu'on peut être agriculteurs et heureux. Face à la désertification rurale, face au problème de toutes ces fermes qui ne trouvent pas repreneur, je ne remercierai jamais assez Jérôme et Lucile pour leur exemple, parce qu'ils donnent envie « d'en être ».

Je suis heureuse de les connaître et j'espère ne jamais les perdre de vue.

KARINE LE MARCHAND

BIENVENUE CHEZ NOUS !

Notre ferme est située à Jons, à une trentaine de kilomètres à l'est de Lyon. C'est un lieu historique, qui existe depuis le XIIe siècle. Ancienne commanderie des chevaliers de l'ordre de Malte, elle a tour à tour été un hôpital, une école... avant de devenir une ferme. Mes arrière-grands-parents, qui vivaient déjà dans le village, s'y sont installés à la fin des années 1920, mon arrière-grand-mère ayant hérité de ce lieu. À l'époque, mon grand-père avait 8 ans. Ses parents avaient trois ou quatre vaches, quelques poulets, et ils travaillaient avec des chevaux et une charrue. C'était une petite ferme familiale de 15 ou 20 hectares.

Au début des années 1940, mon grand-père a pris la relève de ses parents. Il a commencé à développer la ferme en utilisant des techniques un peu plus modernes. Après la guerre, l'arrivée du premier tracteur a été une petite révolution. Mais c'est à la fin des années 1950 que la modernisation a véritablement commencé, avec le début de la mécanisation de certaines tâches. Mes grands-parents ont également acheté un peu de terrain. Éleveurs laitiers, ils cultivaient beaucoup de céréales, surtout pour nourrir les animaux.

En 1976, mon père a repris l'exploitation. La modernisation s'est accélérée avec par exemple l'apparition des premiers semoirs à céréales, l'utilisation généralisée des tracteurs, l'achat de semences en coopérative... À l'époque, il fallait produire plus et optimiser la production pour répondre à la demande d'une population en pleine croissance. À la fin des années 1970, la ferme s'est agrandie, avec l'achat d'un bâtiment (l'un des deux qui se font face et composent notre ferme actuelle) et de quelques terres. L'exploitation a alors atteint les 80 hectares et c'est toujours sa dimension aujourd'hui. Mon père a aussi développé l'activité laitière, avec une quarantaine de vaches.

En 2012, c'est moi qui ai repris la ferme... un peu sur le tard. J'avais 30 ans. Avant cela, j'ai fait des études de management à Lyon, beaucoup voyagé, passé un an en Australie, monté un restaurant avec un ami... Et puis j'ai décidé de revenir à Jons. C'était le début de la vente directe, des circuits courts et des paniers de légumes.

J'ai vu un réel intérêt dans cette nouvelle approche. Mon père ayant arrêté l'activité laitière en vue de sa retraite, j'ai décidé de développer le maraîchage et la vente à la ferme en circuit court. J'avais bien sûr quelques connaissances dans ce domaine – je suis né dans cette ferme et j'ai vu travailler mon père pendant toute mon enfance –, mais il m'a fallu apprendre le métier sur le tas, et je remercie mon père pour cette transmission.

> *Cette ferme, c'est avant tout une histoire de famille, une histoire de transmission.*

Si aujourd'hui nous sommes rentables en cultivant et en vendant nos légumes, c'est grâce à cette histoire et à cet héritage familial, parce que nous possédons déjà le terrain et le matériel nécessaire. Aujourd'hui, il serait impossible pour nous de nous lancer en partant de rien. Mon père a travaillé très dur toute sa vie. Il nous raconte souvent qu'un jour à Noël, il n'a reçu qu'une orange et qu'il est monté pleurer dans sa chambre… Quand mon frère et moi étions petits, il était en permanence au travail. Nous ne partions pas souvent en vacances. Et quand nous partions, c'était sans lui. Il n'a pas été facile d'arriver là où nous sommes à présent.

CETTE HISTOIRE S'ÉCRIT DÉSORMAIS À DEUX…

Si aujourd'hui je peux vous raconter cette histoire, celle de ma ferme et celle de ma famille, et la partager dans ce livre, c'est bien sûr grâce à l'émission *L'Amour est dans le pré*. En 2018, je venais de me séparer de ma compagne de l'époque, après quelques années de relation. C'est alors que mes amis et ma famille m'ont poussé à envoyer une lettre à l'émission. Tout s'est enchaîné : en juillet 2019, l'équipe de Karine Le Marchand est venue tourner mon portrait à la ferme. Celui-ci a été diffusé la veille du premier confinement, le 16 mars 2020. Nous ne savions pas trop ce qui allait se passer… J'ai finalement reçu énormément de courrier. L'équipe a sélectionné pour moi 35 lettres. J'ai passé onze heures à les lire. J'ai retenu les lettres de neuf femmes, que j'ai rencontrées au *speed dating* à Paris le 13 juin 2020.

Parmi elles, Lucile. Ce fut une rencontre marquante et mémorable, qui m'a vraiment beaucoup touché. D'ailleurs, les images qui ont été diffusées à la télé le prouvent... Je l'ai ensuite invitée, avec une autre jeune femme, Alicia, à venir à la ferme. Lucile et Alicia sont arrivées le 25 juin 2020. Le 1er juillet 2020, il n'en restait qu'une, qui n'est jamais repartie ! Tout s'est passé très vite. En vingt-quatre heures, nous étions sûrs tous les deux de ce que nous voulions.

« ET LÀ, COUP, DE FOUDRE... UN MOMENT MAGIQUE ! », LE TÉMOIGNAGE DE LUCILE

« D'origine bretonne, j'ai travaillé pendant sept ans à la thalasso du Sofitel de Quiberon. Après une relation de quelques années, je me suis séparée de mon compagnon de l'époque et j'ai décidé de descendre rejoindre mes parents qui avaient déménagé dans le Sud. Le premier confinement est arrivé et j'ai commencé à me poser beaucoup de questions sur ce que je voulais faire dans la vie, si j'avais vraiment envie de continuer mon métier de spa manager. J'ai grandi dans un village et, quand j'étais petite, je disais toujours à mes frères et sœurs : "Je veux être fermière de vaches." Plus tard, j'ai découvert le maraîchage et j'ai envisagé de faire une formation dans ce secteur...

Chez mes parents, j'avais créé un petit potager afin de leur apprendre à cultiver quelques légumes. Un jour, mon beau-père me voyant travailler la terre m'a dit en rigolant : "C'est peut-être à *L'Amour est dans le pré* que tu devrais chercher ton bonheur..." Sur le coup, j'ai rigolé, mais quelques heures plus tard, alors que je n'arrivais pas à dormir, je suis allée voir les portraits des candidats sur Internet. C'est là que j'ai découvert Jérôme. J'ai décidé de lui écrire. J'ai mis trois timbres sur l'enveloppe pour être sûre que mon courrier arrive ! Au fond de moi, j'y croyais... Mais le jour où l'équipe m'a appelée, j'étais vraiment surprise. J'ai passé plusieurs entretiens, puis on m'a rappelée pour me dire que j'étais attendue au *speed dating* à Paris. Et là... coup de foudre, un moment magique. »

Aujourd'hui, notre histoire familiale s'écrit donc avec une personne de plus. Lucile s'est immédiatement intégrée dans notre univers.

À la ferme, nous vivons en communauté, dans la même cour que mes parents, mon frère, toute la famille... Elle a pris le package complet sans se poser de questions ! Elle a aussi trouvé sa place dans l'organisation de notre activité : c'est une vendeuse hors pair, et elle a pris en main la vente des paniers, les commandes, la gestion du site Internet... mais aussi la communication et les réseaux sociaux. Tout cela s'est mis en place très naturellement et nous a permis de développer plein de projets. Nous avons aussi décidé de faire des travaux pour ouvrir une véritable boutique.

Au même moment, nous avons appris que nous allions avoir un bébé ! Compte tenu de notre notoriété grandissante au niveau national (merci les réseaux sociaux), nous avons également ouvert une boutique en ligne afin de vendre des purées préparées avec nos légumes. Encore un gros challenge, que nous avons relevé en même temps que la grossesse.

Capucine est née à l'automne 2021. Notre histoire s'écrit désormais à trois, et peut-être bientôt quatre, nous l'espérons. Au moment où nous écrivons ces lignes, nous sommes en pleine préparation de notre mariage, qui se déroulera juste avant la sortie de ce livre...

POURQUOI CE LIVRE ?

Avec ce livre, nous souhaitons vous accompagner sur le chemin d'une alimentation plus authentique, raisonnée et responsable. Comment ? En faisant entendre, *via* notre modeste voix, celle des milliers d'agriculteurs qui, chaque jour, travaillent la terre pour vous offrir de bons produits et pour vous nourrir. Et en vous montrant que, grâce à vos choix quotidiens en matière d'alimentation, vous pouvez changer les choses. Cela commence par une prise de conscience et par une idée toute simple : vous pouvez vous aussi faire pousser vos propres légumes. Que vous ayez un grand jardin, un tout petit bout de terrain, une terrasse ou un simple balcon, vous pouvez mettre la main à la terre ! Bien sûr, l'idée n'est pas de vous rendre autosuffisant, il s'agit surtout de vous inviter à vous reconnecter à la nature, au rythme de saisons, par une alimentation raisonnée basée sur la vraie valeur des produits. Et de vous régaler en dégustant les bons légumes de votre jardin.

« Cultiver un potager, ce n'est pas seulement
produire des légumes,
c'est apprendre à s'émerveiller
du mystère de la vie. »

PIERRE RABHI

Vers une alimentation plus authentique

PARTIE 1

La maman de
Jérôme

NOTRE DÉMARCHE : UNE AGRICULTURE DE FAMILLE, SIMPLE ET RAISONNÉE

L'agriculture raisonnée est une démarche qui consiste à utiliser d'abord les techniques ancestrales de jardinage, avant de se tourner vers les techniques modernes. Chez nous, tout ce qui peut être fait à la main est fait à la main. C'est le cas par exemple pour le désherbage. Les produits phytosanitaires n'y sont pas interdits, mais nous les utilisons uniquement quand il n'y a plus d'autre choix pour sauver la récolte. Par exemple, en cas d'attaque de doryphores dans une culture de pommes de terre, c'est la seule solution, car nous ne pouvons pas nous permettre de perdre le fruit de notre travail (contrairement au jardinier amateur qui, lui, pourra s'en remettre s'il n'a pas de pommes de terre une année…). L'agriculture raisonnée, c'est donc tout le contraire de la culture intensive où l'on asperge les cultures de produits sans réfléchir, de manière systématique, même s'il n'y a pas de menace sur les récoltes. Nous, nous ne le faisons qu'en dernier recours. Il y a aussi, bien sûr, un intérêt financier derrière tout cela, car les produits phytosanitaires coûtent très cher.

Pratiquer l'agriculture raisonnée, c'est aussi prendre soin du sol sur lequel nous faisons pousser nos légumes. C'est notre capital, notre héritage, notre outil de travail. Nous veillons à ne pas le martyriser en l'aspergeant de produits chimiques ni à le tasser en utilisant des engins trop lourds.

> *Chez nous, les vers de terre sont heureux, leur présence en grand nombre est un signe de bonne santé et de richesse du sol !*

Une agriculture raisonnée, c'est aussi une agriculture de famille, traditionnelle, qui prend en compte la demande. Avec nos paniers, nous fournissons une cinquantaine de clients par semaine, et ce pendant 8 mois de l'année, de fin mai-début juin à fin janvier (la période de creux correspondant à la fin de l'hiver et au début du printemps : c'est le temps des plantations, puis de la pousse des premiers légumes). L'année dernière, nous avons ainsi vendu environ 1600 paniers de 4 à 5 kg chacun en moyenne, ce qui fait 8 tonnes de légumes produites sur une surface de 8 000 m^2. Et notre but n'est pas de produire plus ! Nous travaillons en famille, sans salarié, et nous sommes rentables. Notre priorité est de conserver cet équilibre, et surtout notre liberté.

DANS NOTRE POTAGER LE MATIN, DANS VOTRE ASSIETTE LE SOIR

L'agriculture raisonnée telle que nous la pratiquons, c'est aussi de l'ultra-local et de l'ultra-frais. Les tomates que nos clients viennent chercher chez nous font à peine quelques centaines de mètres avant de se retrouver dans leurs assiettes le jour même ! Rien à voir avec ces tomates bretonnes qui ont parcouru des centaines de kilomètres. Et qui, soit dit en passant, ont poussé dans des serres chauffées au fioul restant, pour certaines, allumées toute la nuit, ce qui a un effet catastrophique pour les oiseaux, totalement perturbés. Rien à voir non plus avec certains producteurs dits « locaux » qui ramassent leurs légumes et les entreposent au frais – parfois quelques jours, parfois plusieurs mois ! – pour pouvoir les vendre sur les marchés le week-end.

> *Le fait de pouvoir ramasser un légume le matin et de le déguster le jour-même, cela n'a pas de prix.*

Que ce soit au niveau du goût des légumes ou de leurs propriétés nutritionnelles, c'est incomparable ! Et cela, nous ne pouvons le faire que parce que nous pratiquons une agriculture familiale, à échelle humaine, et que nous n'avons pas des milliers de clients à satisfaire.

L'hiver, par exemple, nous proposons dans nos paniers des choux de Bruxelles. Souvent, nos clients hésitent : ils ont en tête ces choux ramollis, tout jaunes, insipides, qui viennent d'on ne sait où et qui ont commencé à fermenter pendant le transport... Nous, nos choux, nous les avons ramassés le matin même. Goûtez-les ce soir, vous verrez la différence ! Bien souvent, ces clients reviennent nous voir ravis en nous disant qu'ils n'ont jamais mangé de choux de Bruxelles aussi bons de leur vie ! En réalité, il n'y a pas de secret : ils sont ultra-frais et parfaitement à maturité. Encore un avantage de notre mode de fonctionnement : pas besoin de récolter les légumes avant maturité en prévision du transport, puisque les nôtres ne voyagent pas. Aussitôt cueillis, aussitôt vendus et consommés. C'est la garantie d'un goût incomparable !

EN ROUTE VERS UNE CONSOMMATION PLUS RAISONNÉE

Retrouver le vrai goût des légumes locaux et ultra-frais est également possible quand on cultive soi-même ses légumes. C'est vraiment à la portée de chacun, que l'on dispose d'un grand potager, d'un petit jardin ou même juste de quelques pots. Faire son jardin permet de se reconnecter avec le rythme des saisons, de développer son humilité... et sa patience. On réapprend à manger les légumes quand c'est leur saison et à faire des bocaux en prévision des périodes de creux. Un petit pas vers l'autosuffisance qui, bien sûr, demande du temps, du travail et de l'organisation. Mais le jeu en vaut la chandelle ! Cet énorme chou que nous mettons parfois dans nos paniers l'hiver, et que nous vous souhaitons de récolter un jour dans votre propre potager, vous pouvez le partager avec vos voisins, en congeler une partie, le transformer en choucroute (c'est très facile !)... Bref, conserver, transformer, prendre le temps de cuisiner, être inventif... tout cela aussi fait partie de l'autosuffisance !

C'est sur ce chemin que nous souhaitons vous accompagner avec ce livre. Un chemin qui vous mènera petit à petit vers une consommation plus raisonnée, davantage en connexion avec la nature. Aujourd'hui, il y a urgence à consommer autrement. Il est impensable de continuer à manger des tomates sans goût

vendues à 1,50 euro le kilo en plein hiver ! Nous sommes tous d'accord pour dire qu'il faut sauver la planète, et cela commence par nos modes de consommation. Chaque consommateur a le pouvoir de faire changer les choses par ses choix. Oui, cela demande un peu de sacrifices, mais les solutions existent.

À défaut d'une autosuffisance alimentaire parfaite (qui, en pratique, est irréalisable), chacun peut faire un effort pour consommer de manière un peu plus écoresponsable. C'est en additionnant tous nos efforts que nous ferons changer les choses !

MANGER LOCAL ET DE SAISON : LES QUATRE AVANTAGES

- **C'est bon pour votre porte-monnaie.** Les fruits et légumes de saison qui poussent à côté de chez vous – ou dans votre jardin ! – sont moins chers car ils nécessitent moins d'énergie et de produits phytosanitaires. Pas de transport et pas d'intermédiaires : vous y gagnez forcément !
- **C'est bon pour votre santé.** Les fruits et légumes qui ont poussé en plein air, à la bonne saison, sont moins traités que ceux qui ont passé leur temps dans une serre chauffée et ont été arrosés de pesticides et autres produits chimiques. Par ailleurs, la nature est bien faite ! En consommant des légumes et des fruits de saison, vous apportez à votre corps ce dont il a besoin au bon moment : plus d'eau en été grâce aux tomates ou aux courgettes, davantage de minéraux pour stimuler l'immunité en hiver grâce aux choux ou aux poireaux. Autre point important : vous allez (enfin !) redécouvrir le vrai bon goût des légumes, ce qui vous incitera sans aucun doute à en manger davantage.
- **C'est bon pour nous, agriculteurs !** En faisant le choix d'une alimentation locale et de saison, vous soutenez le travail de milliers d'agriculteurs français. Et nous avons besoin plus que jamais de l'implication de chaque consommateur ! Saviez-vous par exemple qu'en France, nous produisons un blé de très bonne qualité… tellement bonne qu'on le revend à l'étranger parce qu'il vaut cher ? Et qu'on importe du blé beaucoup moins cher pour fabriquer notre pain ? En ces temps troublés, prendre conscience de notre

dépendance alimentaire est indispensable. Mais ce n'est pas une fatalité, et chaque consommateur a le pouvoir, grâce à ses choix quotidiens, de faire changer les choses.

- **C'est bon pour la planète !** Finalement, manger de saison et local permet d'éviter des dépenses d'énergie inutiles, des transports polluants inutiles, des emballages plastiques inutiles... La planète y gagne aussi. Et il y a urgence ! Chacun de nous est responsable de l'état de la planète que nous souhaitons laisser à nos enfants.

CONSOMMER RESPONSABLE : PETIT RAPPEL DES PRINCIPES IMPORTANTS...

- **Consommez français.** C'est la priorité pour tous vos produits ! Ainsi, vous avez la garantie que vos aliments n'ont pas fait des milliers de kilomètres avant d'arriver dans vos assiettes. Cela vous assure aussi une meilleure traçabilité, car les normes de qualité peuvent varier selon les pays.
- **Privilégiez les circuits courts** aux grandes surfaces. Vous pouvez par exemple faire vos courses directement auprès des petits producteurs installés près de chez vous et sur les marchés (en privilégiant les producteurs locaux). Autre solution : vous inscrire à une Amap (Associations pour le maintien de l'agriculture paysanne), qui propose des paniers de fruits et de légumes de saison cultivés près de chez vous, en échange d'un abonnement annuel. Cela vous amènera tout naturellement à consommer local et de saison.
- **Mangez moins de viande,** en particulier de bœuf. L'élevage intensif est en effet une catastrophe pour l'environnement : c'est l'une des principales sources d'émissions de gaz à effet de serre (plus que les transports !). Élever des animaux et produire leur nourriture nécessite beaucoup d'eau et d'énergie. Quand vous achetez de la viande, privilégiez les animaux élevés par de petits producteurs, si possible près de chez vous. Donnez la priorité aux conditions d'élevage : alimentation sans pesticides, utilisation limitée d'antibiotiques et respect du bien-être animal (espace minimal, accès au plein air).

- **Privilégiez les œufs de plein air ou bio** aux œufs issus de poules élevées au sol ou en cage. Cette information est indiquée sur la coquille de l'œuf, au moyen d'un code : le premier chiffre indique le mode d'élevage : 0 pour « bio », 1 pour « plein air », 2 pour « au sol » et 3 pour « en cage ».
- **Au supermarché, fuyez les emballages.** Ceci est surtout valable pour les fruits et les légumes (de toute façon, mieux vaut les acheter en direct auprès des producteurs). Pour aller plus loin dans cette démarche, vous pouvez aussi acheter en vrac, une option proposée de plus en plus souvent, même par les grandes surfaces, pour certains produits secs (graines, fruits secs, riz, pâtes, légumes secs...). Vous pouvez aussi prendre l'habitude de faire vos courses avec vos propres sacs à vrac et boîtes de conservation.
- Pour éviter le gaspillage alimentaire, **faites vos courses avec une liste,** si possible en ayant prévu en amont les menus de la semaine. Ainsi, vous n'achèterez que ce qui vous est nécessaire.
- **Conservez bien vos aliments,** afin de maximiser leur durée de vie, et **ne jetez pas les aliments encore consommables.** Pour rappel :
    - La DLC (date limite de consommation), indiquée par la mention « À consommer jusqu'au... », est apposée sur les produits à conserver au frais (viandes, poissons, charcuteries, plats cuisinés, produits laitiers...). Elle indique que le produit ne peut plus être commercialisé après cette date et qu'il ne doit plus être consommé en raison de risques sanitaires. Il existe cependant une marge de 24 à 48 heures, à condition bien sûr que l'aliment ait été correctement conservé. Il y a également une exception : les yaourts, qui peuvent être consommés sans risques jusqu'à 2 ou 3 semaines après la DLC.
    - La DDM (date de durabilité minimale), indiquée par la mention « À consommer de préférence avant... », est apposée sur les aliments peu périssables (produits secs, conserves, bocaux, briques...). Le produit peut être commercialisé après le dépassement de la DDM. Il peut aussi être consommé sans risques, mais aura peut-être perdu une partie de ses qualités nutritionnelles et gustatives.

- Sachez enfin que certains aliments ne périment jamais. C'est le cas par exemple du sucre, du sel, du miel, de la fécule, du riz, des pâtes, des légumes secs…

Recyclez vos déchets organiques en faisant du compost. Il constituera un excellent engrais naturel pour votre jardin (voir aussi p. 31).

LES CHIFFRES DU GASPILLAGE ALIMENTAIRE

Selon les chiffres du ministère de l'Agriculture, chaque Français jette 20 kg de déchets alimentaires par an, dont 7 kg de produits encore emballés !

LES RÈGLES D'OR DU MARAÎCHER DÉBUTANT

HALTE AU MYTHE DE LA MAIN VERTE !

Avant tout, il faut dédramatiser ! Le jardinage doit rester un loisir, et il est important de se détacher de toute notion de réussite, car celle-ci ne dépend pas que du jardinier ! De nombreux autres facteurs entrent en ligne de compte.

- **Le sol.** Chaque terre est différente et donnera donc des résultats différents.
- **Le climat.** Il y a des zones plus chaudes, d'autres plus humides... Cela a aussi une incidence sur les cultures.
- **La météo.** Il y a des années « avec » et des années « sans ». Personne ne peut maîtriser ce facteur, pas même les professionnels qui doivent eux aussi composer avec cette contrainte.
- **La présence d'eau à proximité.** Pour certaines cultures, les tomates par exemple, c'est un point essentiel.

DE LA RÉGULARITÉ

Le jardinage demande une certaine régularité, surtout au printemps et en été. Durant ces périodes, on peut par exemple prévoir de consacrer au jardin une demi-heure tous les 2 jours, selon les conditions. Il faut surtout prévoir le travail sur le long terme. Par exemple, l'été, il faudra arroser davantage. Dans notre région, la plupart des jardiniers amateurs plantent leurs tomates après les premières gelées, vers le mois de mai, ils s'en occupent jusqu'au 15 juillet puis... partent en vacances ! Quand ils reviennent, toutes les plantations sont perdues, car elles n'ont pas été arrosées, et le jardin ressemble à une véritable forêt vierge.

C'est vraiment dommage car tout le travail avait été fait consciencieusement au départ.

Pour éviter cela, il y a des solutions : par exemple, déléguer le travail du jardin à une personne de confiance ou miser sur un système d'arrosage autonome. Il existe aujourd'hui des systèmes très simples, par exemple avec une pique à planter au pied de la culture et dans laquelle on installe une bouteille d'eau tête en bas. Vous pouvez aussi envisager d'installer un petit récupérateur d'eau de pluie, avec un système d'arrosage goutte-à-goutte.

OSER

Choisissez l'emplacement de votre potager dans votre jardin, retournez la terre, plantez et voyez ce que cela donne. N'ayez pas peur d'essayer ! Parfois vous n'obtiendrez rien, et parfois vous aurez de bonnes surprises, et c'est tout à fait normal. Cela arrive aussi aux professionnels. De notre côté, cela fait dix ans que nous essayons de faire pousser du panais et nous n'avons jamais réussi à en obtenir !

DONNER DU TEMPS AU TEMPS

La patience est le propre du jardinier. Cultiver ses légumes, ce n'est pas instantané ! Chaque étape se fait en temps et en heure : planter, récolter, consommer. Aujourd'hui, nous sommes trop habitués à l'immédiateté et au tout prêt. Jardiner permet de prendre à nouveau le temps des choses, de prendre le temps de la vie, de prendre le temps ensuite de cuisiner ses propres légumes… Si cela ne fonctionne pas la première année, ce n'est pas grave, on enrichit à nouveau la terre avec du fumier, on recommence à planter, on prend soin du sol, on attend… Et petit à petit, on va y arriver ! Il faudra peut-être deux ou trois ans au moins pour que le sol devienne fertile et donne de beaux légumes, inutile de vouloir accélérer les choses. Alors, patience !

Au niveau professionnel aussi, l'agriculture est un travail de longue haleine. Ici, à la ferme, nous avons mis cent ans pour parvenir à modifier un tout petit peu la composition de notre sol. Cela fait dix ans que j'ai repris les terres de mon père et, à force de travail, nous commençons tout juste à y arriver. Nous devons prendre en compte la réalité du terrain et le rythme des changements, extrêmement longs, qui se font à l'échelle de la terre.

ADOPTER UNE DÉMARCHE GLOBALE

Cultiver ses propres légumes se fait généralement dans une démarche plus globale de consommation amenant un peu plus vers l'autosuffisance. Cette démarche peut ainsi inclure la récupération d'eau de pluie pour arroser ses cultures, le compostage de ses déchets alimentaires ou encore l'utilisation de fumier récupéré chez des éleveurs alentour pour enrichir la terre.

RÉCUPÉRER L'EAU DE PLUIE

L'eau est une ressource précieuse dont il faut prendre le plus grand soin. L'utilisation de l'eau de pluie est intéressante à plus d'un titre : elle évite de gâcher de l'eau potable et permet de faire de substantielles économies. Par ailleurs, c'est une eau de qualité, faiblement minéralisée et avec un pH légèrement acide : vos plantations apprécieront !

Le principal défi consiste à conserver cette eau de pluie, afin qu'elle ne s'évapore pas. Il existe pour cela différents systèmes. Le plus courant est le récupérateur d'eau de pluie à placer à l'extrémité de la gouttière qui descend du toit. Pensez simplement à placer une grille de protection sur la gouttière, afin d'éviter de récupérer également des feuilles ou des insectes, et à nettoyer vos gouttières régulièrement.

LE CONSEIL EN +

Si vous récupérez plus d'eau que les besoins d'arrosage de votre potager, n'hésitez pas à l'utiliser pour d'autres choses : laver la voiture, faire fonctionner les toilettes ou la machine à laver… et bien sûr arroser le reste de votre jardin.

FAIRE SON COMPOST

Le principe est simple : il consiste à transformer les déchets organiques (déchets verts du jardin et de la maison) en compost, un produit comparable au terreau, le tout grâce à des vers de terre ou des bactéries. Cette démarche est en plein essor et il existe aujourd'hui dans le commerce de nombreux systèmes différents (individuels ou collectifs). Il est même possible de faire son compost sur un balcon ou en appartement, et cela sans vers de terre, grâce à la fermentation par des bactéries (procédé Bokashi).

LE CONSEIL EN +

Marc de café, coquilles d'œufs… Ne les jetez plus, car ces éléments peuvent aussi être utilisés directement au potager.

Le marc de café est un excellent engrais naturel, grâce à son pH légèrement acide et à sa richesse en éléments nutritifs. Il contient notamment de l'azote, du potassium et du phosphore, que l'on retrouve dans la plupart des engrais du commerce. Il permet aussi de repousser les nuisibles. Mais attention à ne pas en abuser. Saupoudrez-le en couche fine et n'en épandez pas plus que 500 g par mètre carré et par an.

Les coquilles d'œufs permettent de repousser efficacement les limaces. Il suffit de les disposer à la base des plants que vous souhaitez protéger : les limaces ne pourront plus y accéder. Grâce à leur teneur en calcium, elles permettent également d'enrichir la terre. Veillez à bien les broyer avant utilisation.

UTILISER DU FUMIER

Le fumier est un fertilisant complet 100 % naturel et presque gratuit ! On l'utilise depuis des millénaires pour enrichir le sol, et il n'y a rien de mieux. En se décomposant, il va enrichir le sol, l'ensemencer avec divers micro-organismes et créer de l'humus. Vous pouvez prendre l'habitude d'en apporter au sol en janvier, mélangé avec un peu de compost. Ainsi, il aura le temps de se composter en hiver et au printemps votre terre sera prête pour les premiers semis. Bien sûr, cela demande quelques efforts... il faut aller le chercher là où il est produit, et il n'est pas forcément toujours facile – ni agréable – à manipuler.

CRÉER SON POTAGER, MODE D'EMPLOI

CHOISIR L'EMPLACEMENT DE SON POTAGER

La première chose à faire est de déterminer un espace dans votre jardin. Voici quelques clés pour bien choisir son emplacement.

- Installez votre potager **dans un endroit assez dégagé des arbres.**
- Choisissez **un endroit bien exposé,** car tous les légumes ont besoin de soleil pour grandir.
- Votre potager doit être **facile d'accès.**
- Veillez à ce que vous puissiez toujours **l'avoir à l'œil** depuis votre maison.
- Pensez **au point d'eau :** en avoir un à proximité est toujours plus pratique !
- **Commencez petit** (entre 10 et 20 m^2) pour maximiser la réussite et faire grandir votre potager au fur et à mesure de votre apprentissage et de vos connaissances. Plus il sera petit, moins l'entretien sera contraignant.
- Une fois cet espace délimité, **n'en changez pas.** Car plus vous allez cultiver la terre, plus elle va s'améliorer.
- Cultivez en priorité **les légumes que vous aimez manger !**
- Si vous disposez de peu de place, vous pouvez, en complément, cultiver certains légumes **en pot** afin d'optimiser l'exposition au soleil.

Et le sol ? Il n'y a pas de terrain « idéal » : exploitez ce que vous avez ! Le sol argileux est un sol lourd et peu perméable, il devient collant quand il est mouillé, et il a l'avantage de nécessiter moins d'irrigation car il retient l'eau. À l'inverse, un sol sablonneux, généralement plus fourni en cailloux, est très perméable et exige un arrosage fréquent en période de sécheresse. Pour la qualité du sol, le plus important est le drainage et la perméabilité : évitez de choisir un sol où l'eau stagne en surface. Il est possible d'améliorer le drainage en ajoutant en quantité des matières organiques ou bien de modifier son style de culture et de cultiver sur des buttes (voir p. 261).

À SAVOIR !

Votre terrain n'a jamais été utilisé comme potager ? C'est plutôt une bonne nouvelle ! Une vieille prairie qui n'a pas été cultivée depuis longtemps sera toujours plus productive et enrichie qu'un champ cultivé tous les ans. Sachez qu'il n'y a rien de spécial à faire pour préparer la terre, si ce n'est de la retourner...

LES VERS DE TERRE, INDICES DE BONNE SANTÉ !

Vous souhaitez savoir si votre terre est en bonne santé ? Vérifiez la présence de vers de terre ! En creusant des galeries, les vers de terre assurent une bonne perméabilité du sol et permettent aux racines de bien se développer. Par ailleurs, ils décomposent les débris végétaux (feuilles) et produisent énormément de déjections (40 à 100 tonnes par hectare chaque année) concentrées en éléments nutritifs qui vont nourrir la terre et les plantes. Leur présence favorise également l'implantation de bactéries et de champignons bénéfiques au sol.

Il existe des astuces pour les attirer dans votre potager :

- éviter le travail intensif du sol avec de grosses machines qui vont venir le tasser ;
- enrichir la terre avec du fumier ;
- pratiquer la rotation des cultures.

LE TEST DU TEE-SHIRT (OU DU SLIP) !

Vers le mois de mars, enterrez dans le sol un tee-shirt ou un slip en coton à 10 cm de profondeur environ. Refermez le trou et signalez-le avec un petit drapeau. Au bout de 7 à 8 mois environ (jusqu'en octobre-novembre), déterrez le tee-shirt et observez sa décomposition. Plus il y a de trous, plus ils sont gros, mieux c'est ! C'est le signe que les vers de terre sont nombreux dans le sol et que votre terre est en bonne santé.

DESSINER LE PLAN DE SON POTAGER

Après avoir choisi votre emplacement idéal, il est important de vous asseoir avec un crayon et une feuille et de réaliser le plan de votre potager. Cela ne s'improvise pas et il existe quelques règles d'or, quelle que soit la taille de votre potager.

- **Assurez-vous d'avoir toujours une amplitude suffisante** pour vous déplacer dans votre carré potager. Prévoyez des allées de 60 cm pour pouvoir circuler entre vos carrés.
- Avant de planter, **définissez vraiment vos espaces** pour anticiper la croissance des plantes et leur taille finale. Il est évident qu'un rang de carottes prendra moins de place qu'un rang de courges. À titre d'exemple, un pied de courgette bien mené peut faire jusqu'à 1 m de diamètre. Anticipez également la hauteur. Par exemple, un plant de tomates peut monter jusqu'à 2 m de haut.

Si vous avez un petit potager, vous pourrez tout planter… mais en petites quantités. Il vous faudra également optimiser l'espace en mettant des plantes hautes adjacentes aux plantes au ras du sol (par exemple, des tomates grimpantes et de la salade au sol). Évitez en revanche les plants trop envahissants comme les courges qui courent ou le topinambour. Pas de melons ni de pastèques, pas de petits pois non plus, à moins de les faire monter en palissades.

EXEMPLE DE POTAGER DE 10 M²
(5 M DE LONG × 2 M DE LARGE)

Allées centrales : 60 cm de largeur

Dimension de chaque carré : 0,7 × 2,2 m, soit une surface d'environ 1,5 m²

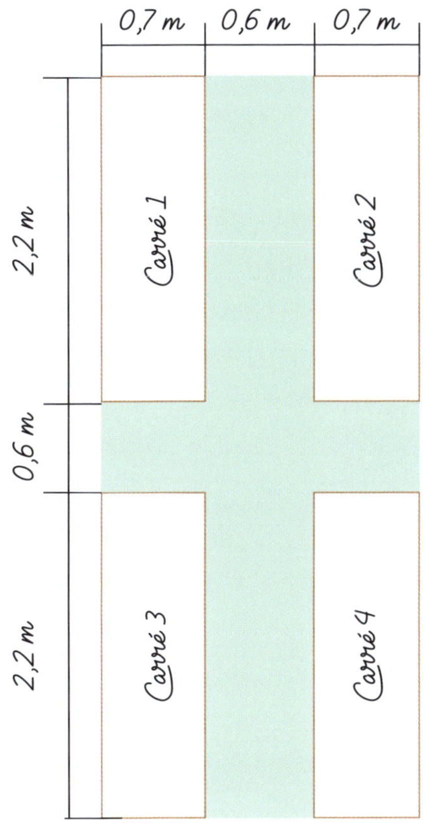

Carré 1

1re culture : petits pois (de février à juin)

2e culture : choux, poireaux, navets (de juin à novembre)

Carré 2

1re culture : radis, carottes, oignons blancs (jusqu'en juillet)

2e culture : épinards, navets, mâche (de juillet à novembre)

Carré 3

Salades et pommes de terre

Carré 4

Tomates et courgettes

Compte tenu de la petite surface de ce potager, l'idée est de pratiquer deux cultures à la suite sur certains carrés, afin de tenter de maximiser la production.

EXEMPLE DE POTAGER DE 40 M²
(8 M DE LONG × 5 M DE LARGE)

Allées centrales : 60 cm de largeur

Dimension de chaque carré : 2,2 × 3,7 m, soit une surface d'environ 8 m²

Tous les légumes peuvent se planter en rang. Il est important de respecter les caractéristiques d'espacement de chaque graine plantée.

Sur les sols lourds et humides, il est intéressant de planter vos graines sur de petites buttes de 20 à 30 cm de hauteur car celles-ci se réchauffent plus vite et cela évite que les graines pourrissent à cause de l'humidité.

Profitez-en pour définir quelles variétés vous allez associer et lesquelles seront moins bonnes compagnonnes.

ZOOM SUR LES PLANTES COMPAGNONNES

Le principe est d'associer certaines plantes entre elles et *a contrario* d'éviter certains rapprochements qui pourraient être néfastes. Les bonnes combinaisons permettent de favoriser la croissance des plantations, d'augmenter le rendement, d'attirer les insectes auxiliaires et de repousser les ravageurs et les maladies, de limiter le désherbage, d'améliorer la structure et la fertilité du sol… On conseille par exemple de ne pas associer plusieurs variétés de solanacées (tomates, poivrons, aubergines…), car toutes sont sensibles au mildiou. Les poivrons apprécient en revanche la compagnie de fleurs comme les soucis comestibles. Autre exemple : les choux de Bruxelles aiment la proximité des tomates, du céleri et des herbes aromatiques, mais pas celle des capucines. Les carottes bénéficieront de la compagnie des poireaux, mais pas de celle du céleri, etc.

ET SI VOUS OPTIEZ POUR UNE SERRE ?

L'installation d'une serre dans votre jardin vous apportera de nombreux bénéfices. Pas la peine d'avoir un très grand espace ni un très gros budget, il existe aujourd'hui des modèles de petite taille, faciles à monter et à un prix raisonnable.

- La serre assure une meilleure protection contre les aléas climatiques. Vous pourrez ainsi commencer vos plantations plus tôt, sans attendre que le risque de gelées soit écarté. Les légumes d'été pourront ainsi être récoltés plus tôt dans la saison, et leur culture se prolonger plus tard.
- Elle offre une meilleure productivité. Grâce aux conditions climatiques plus stables, la croissance des végétaux est plus rapide.
- Elle permet également de protéger vos cultures contre certaines maladies et ravageurs, notamment contre le mildiou, qui est une véritable catastrophe pour les pieds de tomates. À condition bien sûr de veiller à une bonne aération.
- Elle permet de jardiner, quel que soit le temps. Ce qui est particulièrement confortable.

CHOISIR SES VARIÉTÉS

Il s'agit de bien connaître l'enchaînement des saisons de sa région afin de planter les bons légumes aux bons moments. Tout est affaire de calendrier. Certains légumes qui aiment la chaleur, comme les haricots, les tomates, les poivrons, les concombres ou les citrouilles, préfèrent les mois chauds de l'été, alors que des légumes comme les salades, les épinards, les petits pois, les pommes de terre, les brocolis et les choux s'épanouiront mieux au cours des mois les plus frais.

Partant de ce constat, le choix des variétés permettra d'optimiser la croissance et les rendements de vos légumes. Il est donc important d'étudier les caractéristiques de chaque variété.

On peut distinguer les caractéristiques suivantes :

- **l'adaptation :** certaines variétés seront plus adaptées à certains climats que d'autres ;
- **l'aspect :** on peut distinguer une aubergine longue d'une ronde, une tomate rouge d'une noire, une carotte orange d'une carotte violette, etc. ;
- **la conservation :** certains légumes se conservent facilement pendant des mois et d'autres se consomment immédiatement ;
- **l'âge de maturité :** c'est le nombre de jours entre la plantation et la récolte, certaines variétés de légumes peuvent être plus ou moins précoces ;
- **la résistance aux maladies et aux parasites ;**
- **la taille du plant :** croissance déterminée, croissance indéterminée, plant nain… À choisir en fonction du mode de culture (pots, jardinières) et du rendu du plan du potager.

BIEN CHOISIR SES GRAINES…

Tout légume commence par une graine. Pour faire pousser vos légumes, vous n'aurez donc pas le choix au début : vous devrez acheter des graines dans une jardinerie. En parcourant les rayons, face à l'immensité du choix proposé, vous aurez peut-être l'impression que c'est une bonne nouvelle pour la biodiversité. En réalité, la plupart des graines sont issues des mêmes souches et elles sont, pour beaucoup, propriétés des multinationales. Chaque graine est inscrite dans un registre, le catalogue officiel des espèces et variétés de plantes, qui recense leur nom, leur variété et surtout leur propriétaire.

En France, on recense 9000 variétés appartenant majoritairement à cinq grandes multinationales. En théorie, les agriculteurs n'ont pas l'autorisation d'utiliser d'autres semences. L'activité de ces semenciers est donc un véritable business. Ils ont réussi, en quelque sorte, à privatiser le marché et à nous obliger à racheter des graines chaque année.

Prenons l'exemple de la mention « F1 » apposée sur un grand nombre de sachets de graines potagères. Cette mention indique qu'il s'agit d'une variété hybride, c'est-à-dire d'un croisement entre deux variétés stables pour obtenir une super variété plus vigoureuse. Par exemple, vous croisez une tomate A, très rouge, et une tomate B, à la peau résistante, et vous obtenez alors une tomate à la fois bien rouge et résistante. Sur le papier, cette option est intéressante car cela permet de faire pousser des plants plus résistants, plus productifs et plus homogènes. Les tomates sont aussi charnues et rouges que celles montrées sur l'étiquette ! Les graines obtenues de ces variétés hybrides pourront être resemées, mais le problème est que leur descendance sera imprévisible. Au « deuxième tour », ces graines risquent de ne pas germer du tout. Ou alors vous n'aurez plus du tout la garantie d'obtenir ces belles tomates rouges et bien charnues. En effet, la sélection génétique opérée lors du croisement a volontairement rendu les graines de cette tomate stériles ou peu reproductibles. Si vous voulez maintenir la qualité et les caractéristiques de vos cultures, vous serez donc obligé d'acheter de nouvelles graines chaque saison. Pour nous les professionnels, vous l'aurez compris, c'est le passage obligé, car nous devons être sûrs de la qualité des légumes que nous allons proposer à nos clients. Nous ne pouvons pas nous permettre de travailler au petit bonheur la chance. De plus, nous n'avons pas le droit, légalement, de réutiliser cette semence hybride F1 car elle appartient au groupe industriel qui l'a développée...

Il est aussi possible d'opter pour des variétés plus pures, des variétés anciennes dont la descendance est identique aux parents. Les graines ainsi obtenues peuvent être resemées d'une année sur l'autre, mais il faut savoir que les performances de rendement sont souvent inférieures aux hybrides. En tant que maraîcher amateur, vous pouvez vous le permettre, ce qui n'est malheureusement pas le cas pour les professionnels.

L'alternative à ces semences brevetées, ce sont les semences paysannes. Depuis des années, différentes associations et réseaux (l'association Kokopelli, le Réseau Semences Paysannes...) se battent pour contourner ces brevets sur le vivant en proposant à la commercialisation ces semences « libres » traditionnellement produites par des agriculteurs et des jardiniers amateurs pour leurs propres besoins ou ceux de leurs proches. L'agriculture a toujours fonctionné ainsi, grâce à la sélection et à l'échange des graines de la main à la main. Contrairement aux semences proposées par les semenciers, les graines paysannes ne sont pas inscrites au catalogue officiel car elles sont moins stables dans le temps. Après de très longues années de combat et de nombreux rebondissements, leur commercialisation a enfin été autorisée par la loi française en juin 2020 : elles peuvent désormais être vendues... mais uniquement aux jardiniers amateurs et aux collectivités. Un premier pas nécessaire mais qui, en réalité, ne représente qu'une infime partie du marché pour les grandes firmes semencières, même si on y ajoute les plusieurs milliers de maraîchers et de paysans professionnels qui y ont déjà recours...

Faire le choix des semences paysannes est une bonne option car c'est une manière de favoriser l'indépendance alimentaire en n'étant pas soumis à quelques industriels qui détiennent tous les brevets des semences partout dans le monde. L'autre avantage des semences paysannes est leur capacité à s'adapter à la terre dans laquelle on les fait pousser. Il existe véritablement une mémoire végétale : plus on cultive une plante au même endroit, plus elle va s'adapter au climat, à la lumière, à la terre... et donc plus elle va devenir résistante à toutes ces conditions climatiques. Elle pourra également transmettre ces informations à ses descendantes. Ces variétés, mieux adaptées aux conditions de culture locales, nécessiteront donc moins d'engrais et de produits phytosanitaires. On pourra ainsi produire des légumes de meilleure qualité, en plus grandes quantités, tout en préservant l'environnement.

Où se fournir en semences paysannes ?

- Kokopelli (kokopelli-semences.fr)
- Germinance (www.germinance.com)
- La Ferme de Sainte Marthe (www.fermedesaintemarthe.com)
- Semailles (www.semaille.com)
- Le Biau Germe (www.biaugerme.com)

RÉCUPÉRER SES GRAINES POUR LES RESEMER, MODE D'EMPLOI

C'est un geste ancestral… qui demande de respecter un certain protocole. Voici quelques règles générales valables pour tous les légumes.

- **Privilégiez les légumes qui ne sont pas issus de variétés hybrides F1.** Les graines récoltées risqueraient de ne pas germer ou de donner des légumes aux caractéristiques complètement différentes.
- **Choisissez un plant porte-graines :** il doit être bien vigoureux. Marquez-le avec un repère (petit morceau de ficelle par exemple).
- **Récupérez vos graines à la bonne saison** (plein été ou fin d'été), sur des légumes bien mûrs (voire plus mûrs que ceux que vous auriez consommés).
- Une fois les graines récoltées, **laissez-les sécher, puis stockez-les** dans une enveloppe en prenant soin d'indiquer leur nom et la date de récolte. Conservez-les dans un endroit frais et sec. Les graines de légumes peuvent ainsi être conservées pendant plusieurs années.
- Enfin, sachez que **cette technique est plus adaptée à certains légumes qu'à d'autres**. Elle est par exemple idéale pour les tomates, les melons, les courges… et beaucoup plus compliquée pour les carottes ou les poireaux. Pour ces légumes, il sera plus judicieux de partir de graines achetées. Vous trouverez les conseils spécifiques pour chaque légume dans les fiches dédiées, dans la deuxième partie de ce livre.

ACHETER DES PLANTS POTAGERS : DANS QUELS CAS ?

Si vous êtes débutant en maraîchage, il peut être plus rassurant – et plus facile – de partir de plants de légumes déjà formés. Le choix de plants à repiquer plutôt que de graines à semer dépend aussi du type de légumes que vous souhaitez faire pousser, de votre région, du climat... Par exemple, il est difficile de réussir à faire pousser des poivrons en Bretagne à partir des graines. Pour d'autres légumes, en revanche, il est impossible de partir de plants et il est donc indispensable de semer des graines. C'est le cas par exemple des carottes.

Côté rentabilité aussi, tout dépend. Le plant coûte logiquement plus cher que la graine, mais la réussite des semis (à partir de graines) étant aléatoire, il n'est pas forcément plus rentable de partir de graines.

Enfin, petite astuce pour vous fournir en plants : si un lycée agricole est situé à proximité de chez vous, renseignez-vous, car certains proposent de grandes ventes de plants au printemps.

SEMER, REPIQUER ET CULTIVER

LES DIFFÉRENTES TECHNIQUES DE SEMIS

Le semis est l'étape qui consiste à mettre les graines en terre. Il existe plusieurs manières de procéder, en fonction des graines.

❶ **Le semis en ligne.** C'est la méthode classique. Comme son nom l'indique, il s'agit de tracer une ligne (à l'aide d'un cordeau), puis de déposer les graines le long de cette ligne. On les recouvre ensuite de terre fine ou de terreau. La profondeur du sillon et l'espacement des graines dépendent des plantations.

❷ **Le semis à la volée.** Les graines sont jetées sur le sol par pincées ou par poignées, avant d'être recouvertes de terreau.

❸ **Le semis en poquets.** Cette technique consiste à semer plusieurs graines dans de petits trous creusés à distance régulière. Dans un second temps, après la levée, un ou deux plants seulement sont conservés. Cette technique est plutôt utilisée pour les grosses graines (courges, haricots, pois...).

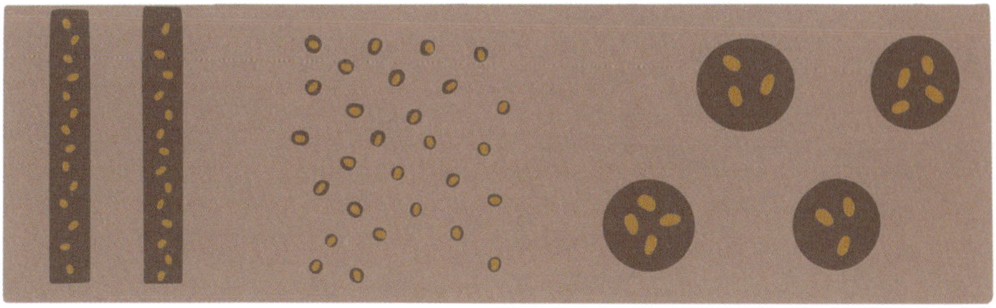

❶ ❷ ❸

On différencie également le **semis en place** et le **semis en pépinière** :

- **Le semis en place** se fait en pleine terre, directement au potager.

- **Le semis en pépinière** est réalisé dans une petite parcelle de terre enrichie en terreau et abritée du froid et du vent : par exemple le long d'un mur ensoleillé,

sous abri au milieu du potager, dans des godets ou autres contenants… Les plants bénéficient ainsi de conditions optimales et leur entretien est plus facile en raison de la surface réduite. Une fois le plant levé, il est ensuite repiqué au jardin à certains moments de l'année. Cette technique est bénéfique pour les légumes à cycle long et toutes les espèces un peu frileuses comme les tomates, les courgettes, les aubergines, les poivrons…

L'ART DU REPIQUAGE

Le repiquage est l'opération qui consiste à transplanter en pleine terre un jeune plant issu d'un semis ou acheté en jardinerie, afin de lui permettre de poursuivre sa croissance. On procède au repiquage au moment où les deux ou trois premières feuilles sont sorties.

En pratique, prélevez délicatement le plant afin de ne pas l'abîmer ou bien démoulez-le doucement s'il est en godet.

- **S'il est en motte,** utilisez une houe ou un transplantoir : plantez-le dans le sol, faites-le pivoter, puis installez le plant dans le trou ainsi créé. Enlevez l'outil et tassez la terre, puis arrosez.
- **Si les racines sont « nues »** (sans motte de terre), faites un trou à l'aide d'un plantoir, puis déposez-y le plant en veillant à ce que les racines ne remontent pas. Tassez la terre autour et arrosez.

ENTRETENIR SES PLANTATIONS

L'entretien régulier du potager est la clé pour obtenir de beaux légumes. Voici les principaux gestes généraux à effectuer (vous trouverez des conseils spécifiques pour chaque légume dans les fiches dédiées, dans la deuxième partie de ce livre).

L'arrosage

Il doit être plus ou moins régulier en fonction des cultures, des saisons, du climat… Il se fait toujours au pied des plantes, et non sur les feuilles, pour éviter le développement de certaines maladies.

Le paillage

Il consiste à recouvrir le sol d'une couche de matériaux organiques ou minéraux : paille, fougère, écorces de pin, copeaux de bois, tontes de gazon, feuilles mortes, pouzzolane (roche constituée de projections volcaniques riches en silice), billes d'argile, ardoises concassées… Cela permet de ne pas laisser le sol à nu (ce qui est un état anormal dans la nature). Ses avantages sont nombreux. En conservant l'humidité et la fraîcheur du sol, il permet de réduire la fréquence d'arrosage. Il limite aussi la pousse des mauvaises herbes et fournit, en se dégradant, de la matière organique qui va enrichir la terre. Les matériaux utilisés servent également de refuge pour les insectes utiles pendant l'hiver.

Le désherbage

Il est indispensable pour réduire la concurrence des mauvaises herbes. Celles-ci s'arrachent à la main ou en utilisant un outil (sarcloir).

Le binage

Il permet de casser la croûte qui se forme à la surface de la terre, afin de laisser l'eau descendre vers les racines.

La surveillance des maladies et des insectes parasites

Elle doit être régulière afin de réagir au plus vite et d'éviter leur propagation, qui peut être fatale pour vos cultures. Différentes solutions permettent de combattre les principaux ennemis de vos plantations.

- **Le traitement au savon noir.** Ce produit naturel est très efficace contre les pucerons. En pratique, diluez 3 à 4 cuillerées à soupe de savon noir liquide (ou 50 g de savon noir en pâte) dans 1 litre d'eau chaude. Mélangez bien, puis laissez refroidir avant de pulvériser sur les tiges et les feuilles, sans oublier leur revers, où se trouvent la majorité des pucerons. Cette opération se fait de préférence en fin d'après-midi. Au bout de vingt-quatre heures, vous pouvez rincer les plantes pour éliminer les pucerons morts.
- **La bouillie bordelaise.** Ce traitement fongicide à base de cuivre et de chaux se présente sous la forme d'une poudre de couleur bleue. Il est notamment utilisé pour éliminer le mildiou, l'oïdium, etc. Son utilisation est autorisée en agriculture biologique, à condition de respecter le dosage. Vous pouvez fabriquer cette préparation vous-même (mettez des gants, un masque et des lunettes de protection). Dans un seau, mélangez 3 litres d'eau avec 150 g de chaux éteinte. Dans un autre seau, mélangez 2 litres d'eau avec 100 g de sulfate de cuivre. Puis versez le contenu du premier seau dans le deuxième. Patientez vingt-quatre heures avant utilisation.
- **Le purin d'ortie.** Il joue à la fois le rôle d'engrais et de répulsif naturel contre les parasites, et notamment les pucerons. Vous pouvez le préparer vous-même. Dans un seau, mélangez 1 kg d'orties fraîches préalablement hachées avec de l'eau : 10 litres pour un engrais ou 20 litres pour un répulsif. Laissez macérer une dizaine de jours en mélangeant régulièrement, puis filtrez. Utilisez en dilution à 10 % (pour l'engrais) ou 20 % (pour le répulsif).

- **Le purin de fougère.** C'est à la fois un répulsif, un insecticide et un anti-fongique. Il est surtout utilisé contre les pucerons, la rouille et l'oïdium. Mélangez 1 kg de feuilles fraîches de fougères coupées en petits morceaux avec 10 litres d'eau (de pluie par exemple). Couvrez et laissez fermenter 10 à 15 jours, en remuant tous les jours jusqu'à ce qu'il n'y ait plus de bulles. Filtrez et utilisez en dilution (5 % en préventif, 10 % en curatif).
- **Le purin de rhubarbe.** C'est un excellent répulsif, notamment contre les pucerons. Il permet aussi de lutter contre la teigne du poireau ou de la carotte. En pratique, faites macérer 1 à 1,2 kg de feuilles de rhubarbe dans 10 litres d'eau pendant soixante-douze heures environ. Filtrez et pulvérisez cette solution sur vos plantations. Ce purin se conserve pendant plusieurs mois dans un bidon au frais et à l'abri de la lumière.

La rotation des cultures

Elle consiste à ne pas planter tous les ans les mêmes légumes au même endroit pour ne pas appauvrir le sol. Certaines cultures permettent même d'enrichir le sol : c'est le cas par exemple des petits pois et des haricots, qui ramènent de l'azote.

ET LES ENGRAIS ?

L'engrais est un mélange de différentes substances destiné à apporter aux plantations un complément nutritionnel afin de favoriser leur croissance et de développer leur rendement. Parmi les engrais génériques figurent les engrais NPK (N pour azote, P pour phosphore et K pour potassium). Chacun de ces éléments a un rôle précis dans le développement du fruit ou du légume. Pour le maraîcher amateur, ces éléments sont très difficiles à mesurer. C'est la raison pour laquelle il est préférable d'utiliser une autre option : celle du fumier, qui apporte tous ces éléments en juste quantité.

ET LA CULTURE EN POT ?

Vous n'avez pas de jardin, mais juste une terrasse, voire un petit balcon ? Vous pouvez vous aussi faire pousser quelques légumes ! Bien sûr, vous n'en récolterez pas suffisamment pour nourrir votre famille, mais c'est une bonne entrée en matière pour découvrir le plaisir du maraîchage, et surtout faire découvrir aux enfants toute la magie de la nature.

La culture en pot est possible pour certains légumes, par exemple les tomates, les poivrons, les aubergines, les petites salades... mais aussi les herbes aromatiques, ainsi que les fraisiers ou les framboisiers. Pour réussir vos cultures, le plus important est l'arrosage : comme il y a peu de terre, vous devrez arroser très régulièrement car l'eau s'évapore vite. Vous pourrez également enrichir la terre avec votre compost maison ! Enfin, n'oubliez pas, si vous êtes en ville, de bien laver vos légumes avant consommation.

LA PANOPLIE IDÉALE DU MARAÎCHER

Une bêche. Elle sert à retourner ou à labourer profondément la terre. Pour ce faire, vous pouvez aussi investir dans un petit motoculteur : c'est un outil indispensable, quelle que soit la taille du potager.

Une fourche, pour retourner le sol sans abîmer les racines.

Un arrosoir et/ou **un tuyau** d'arrosage, en fonction de la taille du potager.

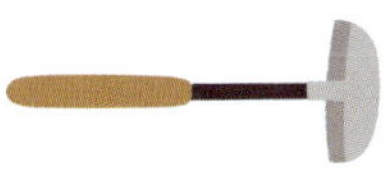

Une binette (ou houe), pour éliminer les mauvaises herbes.

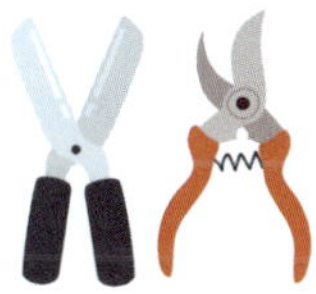

Un sécateur, pour couper, tailler, etc.

Une brouette, pour transporter la terre, le fumier, etc.

Des gants, **un panier** de récolte.

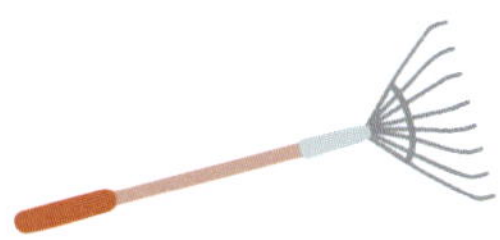

Un râteau, pour égaliser la terre, ramasser les feuilles ou les brindilles.

Un plantoir, pour mettre en terre les jeunes plants.

Un petit sarcloir ou sarclette, pour arracher les mauvaises herbes sans retourner la terre.

Une pelle, pour faire des tranchées, monter des buttes, etc.

Un seau, pour le transport.

Cultiver, récolter, cuisiner et conserver ses légumes

PARTIE 2

LES PETITS POIS

Nom latin : *Pisum sativum L.*
Famille botanique : *Fabacées*
Type *: légume-gousse ou graine*

Le petit pois est un légume ancien : on en retrouve des traces datant de 7 000 ans avant notre ère ! Sa culture est assez facile. C'est un cousin du haricot, mais à l'inverse de ce dernier, qui aime la chaleur, le petit pois préfère la fraîcheur pour s'épanouir.

SEMER ET CULTIVER LES PETITS POIS

Le semis se fait en pleine terre **à partir de fin février et jusqu'à fin mars,** sur sol sec. Il est préférable de réaliser un semis sur butte (voir p. 261), afin que les graines ne pourrissent pas. Le semis se fait en ligne, avec un espacement entre chaque ligne de 50 cm environ. Disposez une graine tous les 3 cm, à 5 cm de profondeur environ.

Nombre de jours avant germination : 7 à 15 jours (selon la température).
Nombre de jours avant récolte : 60 à 90 jours (selon la variété choisie).

LES BONS GESTES

- ✓ Cette culture n'a aucun besoin d'apport d'engrais.
- ✓ Un désherbage régulier est nécessaire pour garder la culture propre.
- ✓ L'arrosage est nécessaire en cas de sécheresse.

INSECTES ET MALADIES

Le puceron vert du pois. Ce petit insecte verdâtre de 3 mm de long s'attaque aux feuilles et aux tiges de la plante. En prévention ou en cas d'infestation, faites un traitement au savon noir (voir p. 52).

La mosaïque commune du pois. Ce virus propagé par le puceron rend les feuilles et les gousses difformes. La meilleure solution pour l'éviter : éviter l'excès d'humidité, et choisir certaines variétés plus résistantes (demandez conseil en magasin).

ET LA CULTURE EN POT ?

La culture des petits pois peut se faire en pot ou en bac, à condition de disposer d'une terrasse ou d'un balcon ensoleillés. Préférez les variétés grimpantes ou à rames, à faire grandir sur un tuteur, ou bien les variétés naines. Le pot doit être suffisamment profond (au moins 40 cm) et la terre bien riche (terreau universel) et aérée. Semez une dizaine de graines par pot et arrosez légèrement mais régulièrement.

RÉCOLTER LES PETITS POIS

Les petits pois sont prêts à être récoltés lorsque les gousses sont encore vertes et bien bombées (généralement en juin). Pour cela, cassez la gousse près du pédoncule. N'attendez pas trop pour les cueillir, car ils mûrissent très vite !

CONSERVER LES PETITS POIS

Les petits pois frais se conservent très peu de temps : seulement 2 à 3 jours dans leur gousse, dans le bac à légumes du réfrigérateur. Il faut donc les consommer le plus vite possible.

Si vous voulez les conserver plus longtemps, vous pouvez les congeler ou les stériliser pour les mettre en bocaux.

- **Pour les congeler :** écossez-les, faites-les blanchir 30 secondes dans une grande casserole d'eau bouillante avant de les refroidir rapidement dans l'eau froide. Égouttez-les et mettez-les dans un sachet ou dans un récipient adapté que vous entreposez au congélateur.
- **Pour les stériliser :** écossez-les, puis déposez-les dans un bocal avec

quelques pincées de sel et de sucre. Couvrez d'eau et fermez le bocal. Placez-le dans un grand récipient rempli d'eau et faites bouillir pendant 1 heure.

CUISINER LES PETITS POIS

Pour préparer les petits pois, il faut d'abord les écosser : ouvrez la cosse en deux, puis glissez le pouce à l'intérieur pour faire « sauter » les petits pois. Vous pouvez ensuite les faire cuire à la vapeur ou à l'eau bouillante pendant 10 minutes environ. Une fois qu'ils sont cuits, plongez-les dans l'eau froide afin de fixer leur belle couleur verte et de stopper la cuisson.

L'ASTUCE EN +

Les petits pois font partie des premiers légumes à faire goûter aux bébés lors de la diversification alimentaire. Vous pouvez préparer facilement une délicieuse purée : faites cuire les petits pois 20 minutes à la vapeur ou à l'eau bouillante (ils doivent être bien fondants). Mixez-les ensuite très finement avec un peu d'eau et ajoutez 1 à 2 cuillerées à café d'huile de colza avant de servir.

L'ASTUCE ANTI-GASPI !

Ne jetez pas les cosses de petits pois, elles sont parfaitement comestibles ! Il suffit de bien les laver, puis de retirer la fine membrane fibreuse qui se trouve à l'intérieur des cosses (ça prend un peu de temps !). Ensuite, vous pouvez les faire cuire dans un bouillon de légumes avec 1 oignon et 2 pommes de terre pendant une trentaine de minutes. Mixez-les avec un peu de crème fraîche, vous obtiendrez un délicieux velouté. Vous pouvez aussi utiliser les cosses pour parfumer un bouillon, ou bien les émincer finement et les faire cuire en même temps que vos petits pois.

LEURS ATOUTS NUTRITIONNELS

Les petits pois sont considérés tantôt comme des légumes, tantôt comme des légumineuses. D'un point de vue botanique, ils font partie de la famille des légumineuses, comme les pois chiches ou les lentilles. Mais contrairement à ces dernières, ils sont consommés avant maturité. Ils sont plus riches en glucides et en protéines que la plupart des légumes. Ils apportent aussi de la vitamine C, de la vitamine B9 (ou folates, si précieux pendant la grossesse pour le bon développement nerveux du bébé), des fibres, divers minéraux (en particulier du manganèse et du phosphore), des antioxydants...

Velouté frais de petits pois à la menthe

Pour *4 personnes* - Temps de préparation : *15 minutes*
Temps de cuisson : *20 minutes* - Temps de repos : *1 heure*

Ingrédients

2 kg de petits pois (environ 700 g écossés)
2 échalotes
25 g de beurre
1 litre de bouillon de légumes
Une dizaine de brins de menthe
100 ml de crème liquide entière
1 pincée de piment doux moulu
Sel, poivre

Préparation

1. Écossez les petits pois et rincez-les. Pelez les échalotes et hachez-les finement.
2. Dans une cocotte, faites fondre le beurre. Ajoutez les échalotes et faites-les revenir 5 minutes à feu doux en mélangeant.
3. Ajoutez le bouillon de légumes et portez à ébullition. Ajoutez les petits pois et laissez cuire 15 minutes à feu doux. Une fois qu'ils sont cuits, retirez la cocotte du feu et laissez refroidir.
4. Pendant ce temps, rincez la menthe et ciselez-la grossièrement. Gardez quelques feuilles pour la décoration.
5. Mixez les petits pois refroidis et leur jus de cuisson avec la menthe ciselée, jusqu'à obtenir une texture onctueuse et fine. Passez-la dans une passoire afin d'éliminer les petites peaux restantes.
6. Ajoutez la crème, salez et poivrez. Mélangez et mettez au frais au moins 1 heure.
7. Au moment de servir, décorez avec les feuilles de menthe restantes et le piment.

Jardinière de légumes du printemps

Pour *4 personnes* - Temps de préparation : *15 minutes*
Temps de cuisson : *35 minutes*

Ingrédients

4 carottes
4 petits oignons blancs
2 gousses d'ail
6 petites pommes de terre
1 kg de petits pois (environ 350 g écossés)
Quelques feuilles de salade
40 g de beurre
1 bouquet garni
Sel, poivre

Préparation

1. Épluchez les carottes et coupez-les en rondelles. Retirez le vert des oignons et coupez-les en quatre. Pelez l'ail et émincez-le. Épluchez les pommes de terre et détaillez-les en gros dés. Écossez les petits pois et rincez-les. Rincez la salade et hachez-la grossièrement.
2. Faites fondre le beurre dans une cocotte. Ajoutez les carottes, les oignons, l'ail et les pommes de terre. Faites revenir 5 minutes, puis mouillez à hauteur avec de l'eau. Ajoutez le bouquet garni, salez et poivrez. Couvrez et laissez cuire 10 minutes à feu doux.
3. Ajoutez les petits pois et la salade. Complétez à hauteur avec de l'eau si nécessaire. Couvrez et laissez cuire 20 minutes à feu doux. Vérifiez la cuisson : les légumes doivent être bien fondants.

L'ASTUCE EN +

Vous pouvez également ajouter des petits navets primeur si vous en avez.

Cake aux petits pois, au comté et au curry

Pour 6 *personnes* - Temps de préparation : *20 minutes*
Temps de cuisson : *55 minutes*

Ingrédients

200 g de petits pois écossés
200 g de comté
200 g de farine
1 sachet de levure chimique
3 œufs
100 ml d'huile d'olive
100 ml de crème liquide entière
1 cuillerée à café de curry moulu
1 noix de beurre (pour le moule)
Sel, poivre

Préparation

1. Faites cuire les petits pois 15 minutes à la vapeur ou à l'eau.
2. Préchauffez le four à 180 °C.
3. Râpez le comté.
4. Dans un saladier, mélangez la farine et la levure. Creusez un puits au centre et ajoutez les œufs, un par un, en mélangeant entre chaque.
5. Incorporez petit à petit l'huile et la crème. Ajoutez le comté râpé et le curry, puis les petits pois cuits et égouttés. Salez et poivrez.
6. Versez la préparation dans un moule à cake préalablement beurré. Enfournez pour 40 minutes. Vérifiez la cuisson du cake en plantant la lame d'un couteau au centre : elle doit ressortir sèche. Servez tiède ou froid.

LES CAROTTES

Nom latin : *Daucus carota L.*
Famille botanique : *Apiacées*
Type : *légume-racine*

Les carottes comptent parmi les légumes les plus anciens et aujourd'hui les plus consommés au monde. On en retrouve des traces remontant à la préhistoire. À l'origine, elles étaient blanches, c'est au XVIIe siècle qu'elles sont devenues orange. La carotte est de culture facile et présente l'avantage de pouvoir être cultivée toute l'année.

SEMER ET CULTIVER LES CAROTTES

Le semis se fait en pleine terre **à partir de fin février-début mars et jusqu'en juin**, sur sol sec. Semez les graines en ligne à 1 cm de profondeur, avec un écartement entre les lignes de 50 cm environ.

Il existe plusieurs catégories de carottes : les courtes et demi-courtes sont à privilégier dans des sols lourds et argileux ; les demi-longues et longues dans les sols légers et sablonneux.

Nombre de jours avant germination : 10 à 15 jours (selon la température).
Nombre de jours avant récolte : 70 à 90 jours (selon la variété choisie).

LES BONS GESTES

✓ Cette culture nécessite un léger apport d'engrais spécial potager pendant la croissance.
✓ Un désherbage régulier est indispensable pour garder la culture propre.
✓ L'arrosage est nécessaire en cas de sécheresse.

INSECTES ET MALADIES

La mouche de la carotte. Ses larves s'attaquent aux carottes en creusant des galeries. Les feuilles jaunissent et se flétrissent, et les légumes finissent par pourrir.

Pour protéger vos plantations, pratiquez la rotation des cultures et posez un filet ou voile anti-insectes avec des mailles très serrées afin d'empêcher la mouche de pondre.
L'oïdium. Cette maladie se manifeste par un duvet blanchâtre et poudreux qui recouvre les feuilles. Pour le prévenir, réduisez l'arrosage pour éviter l'humidité excessive.

ET LA CULTURE EN POT ?

Elle est tout à fait possible, à condition de choisir les bonnes variétés, c'est-à-dire des carottes courtes qui pourront pousser dans un espace restreint. Vous pouvez par exemple opter pour la carotte ronde de Paris ou la carotte Marché de Paris. Prévoyez un pot de 30 cm de profondeur minimum, avec un trou dans le fond pour un bon drainage, et remplissez-le avec un terreau spécial semis ou plantes potagères. Espacez bien les semis et privilégiez l'exposition au soleil et à la lumière. Veillez à ce que la terre soit continuellement humide et paillez la surface pour limiter l'évaporation de l'eau.

RÉCOLTER LES CAROTTES

Dans la plupart des régions, les carottes peuvent patienter en terre dans le jardin jusqu'à l'hiver. Servez-vous au fur et à mesure de vos besoins. Si nécessaire, vous pouvez les protéger du froid en paillant le sol ou en le recouvrant d'un voile d'hivernage.

Les carottes se récoltent à l'aide d'une fourche, qui permet de décoller légèrement les racines. Il suffit ensuite de tirer la botte en empoignant la base des feuilles.

L'ASTUCE EN +

De préférence, récoltez vos carottes quand le sol est humide, afin de ne pas casser les racines.

CONSERVER LES CAROTTES

Une fois les carottes retirées de terre, elles sont à consommer le plus vite possible. Une fois lavées, vous pouvez les conserver quelques jours dans le bac à légumes du réfrigérateur, enveloppées dans un torchon ou dans du papier absorbant. Ainsi, elles resteront humides et conserveront leur belle couleur et leur croquant. Prenez soin de couper leurs fanes avant de les mettre au frais, afin que celles-ci ne puisent pas toute leur énergie.

Si vous souhaitez les conserver plus longtemps (jusqu'à plusieurs mois), brossez-les rapidement, retirez les fanes et entreposez les carottes dans un cageot rempli de sable sec en veillant à ce qu'elles ne se touchent pas. Conservez ce cageot dans une cave, à l'abri de l'humidité et de la lumière. Vous pouvez aussi les entasser dans un cageot tapissé de papier journal.

Autre solution : les congeler ou les mettre en bocaux.

- **Pour les congeler :** lavez-les à l'eau froide en les brossant, puis épluchez-les avec un Économe et coupez-les en rondelles ou en bâtonnets. Blanchissez-les en les plongeant 2 à 3 minutes dans un grand volume d'eau bouillante, puis refroidissez-les dans un grand saladier rempli de glaçons. Égouttez-les sur du papier absorbant : elles sont prêtes à être congelées.
- **Pour les préparer en bocaux :** après les avoir préparées et blanchies (comme précédemment), placez-les dans des bocaux sans trop les tasser et recouvrez-les d'eau bouillante salée (15 g de sel par litre d'eau). Fermez hermétiquement les bocaux et stérilisez-les. Placez les bocaux dans un grand récipient rempli d'eau et faites bouillir pendant 1 heure.

L'ASTUCE ANTI-GASPI !

Ne jetez pas les fanes de carottes ! Elles sont très riches en vitamines et apportent du goût à de nombreux plats : soupes, bouillons, etc. Vous pourrez aussi les transformer en pesto, les incorporer dans une quiche ou un cake salé...

CUISINER LES CAROTTES

Les carottes primeur peuvent être simplement grattées, puis rincées à l'eau. Vous pouvez ensuite les consommer crues, râpées ou en bâtonnets, ou cuites, à la vapeur, à l'autocuiseur, au four ou à la poêle.

LEURS ATOUTS NUTRITIONNELS

Les carottes sont très riches en caroténoïdes, des pigments antioxydants qui leur donnent leur belle couleur. Elles constituent notamment une excellente source de provitamine A qui, convertie dans l'organisme en vitamine A ou rétinol, joue un rôle central dans l'immunité et la vision. Elles apportent aussi des fibres régulatrices du transit intestinal (efficaces à la fois en cas de constipation ou de diarrhée). Elles font généralement partie des tout premiers légumes proposés aux bébés lors de la diversification alimentaire : ceux-ci apprécient tout particulièrement leur saveur douce et sucrée.

Carottes fondantes

Pour *4 personnes* **- Temps de préparation :** *5 minutes*
Temps de cuisson : *20 minutes*

Ingrédients

16 carottes nouvelles avec leurs fanes
50 g de beurre
2 cuillerées à café de sucre en poudre
1 pincée de sel

Préparation

1. Grattez et rincez les carottes. Gardez 3 à 4 cm de fanes.
2. Déposez-les dans une grande sauteuse, les unes à côté des autres. Ajoutez le beurre coupé en petits morceaux, le sucre et le sel. Versez de l'eau presque à hauteur.
3. Couvrez partiellement (la vapeur d'eau doit pouvoir s'échapper), portez à ébullition et laissez cuire à feu doux pendant 20 minutes environ. Tout le liquide doit être évaporé et les carottes doivent être juste tendres.

L'ASTUCE EN +

Vous pouvez servir ces carottes avec du persil ciselé et un trait de jus de citron.

Potage Crécy

Pour *4 personnes* **- Temps de préparation :** *10 minutes*
Temps de cuisson : *25 minutes*

Ingrédients

600 g de carottes
1 oignon
2 cuillerées à soupe d'huile d'olive
1 litre de bouillon de légumes
100 g de riz
100 g de crème fraîche
Quelques brins de ciboulette
Sel, poivre

Préparation

1. Épluchez les carottes et coupez-les en gros morceaux. Pelez et hachez l'oignon.
2. Faites chauffer l'huile dans une cocotte, ajoutez l'oignon et les carottes, et laissez-les revenir 5 minutes à feu doux.
3. Versez le bouillon de légumes chaud et le riz, salez et poivrez. Portez à ébullition, puis baissez le feu et laissez cuire 20 minutes à feu moyen.
4. Mixez la préparation en ajoutant éventuellement un peu d'eau si la préparation vous semble trop épaisse.
5. Répartissez la soupe dans des bols, ajoutez un peu de crème fraîche et parsemez de ciboulette ciselée.

Carrot cake

Pour *6 personnes* **- Temps de préparation :** *15 minutes*
Temps de cuisson : *40 minutes*

Ingrédients

2 à 3 carottes (250 g râpées)
100 g d'un mélange de fruits secs (raisins, noisettes, noix de pécan, cranberries...)
3 œufs
120 g de sucre roux
150 ml d'huile de tournesol (+ 1 cuillerée à soupe pour le moule)
200 g de farine
½ sachet de levure chimique
1 cuillerée à café de gingembre moulu
1 cuillerée à café de cannelle moulue
½ cuillerée à café noix de muscade moulue
1 pincée de sel

Préparation

1. Épluchez et râpez les carottes. Si nécessaire, concassez les fruits secs.
2. Préchauffez le four à 170 °C (thermostat 5-6).
3. Dans un saladier, cassez les œufs. Ajoutez le sucre roux et mélangez à l'aide d'un fouet. Ajoutez l'huile et fouettez à nouveau. Puis incorporez la farine, la levure, les épices et le sel. Ajoutez les carottes râpées et les fruits secs, et mélangez.
4. Versez la préparation dans un moule à cake préalablement huilé. Enfournez pour 40 minutes. Vérifiez la cuisson en plantant la pointe d'un couteau au centre du gâteau : elle doit ressortir sèche.

LES PETITS OIGNONS BLANCS

Nom latin : *Allium cepa L.*
Famille botanique : *Amaryllidacées*
Type : *légume-bulbe*

Cultivés depuis plus de 5 000 ans, les oignons blancs sont utilisés à la fois comme légume et condiment. Ce sont des oignons cueillis avant complète maturité et que l'on consomme frais.

SEMER ET CULTIVER LES OIGNONS BLANCS

La culture se fait de préférence à partir de plants (car une culture à partir de la graine peut s'avérer assez longue). Les oignons blancs se repiquent **à partir du mois de mars** pour une récolte fin juin. Repiquez vos plants d'oignons en rang tous les 7 cm environ en espaçant les rangs de 30 cm (ce qui facilitera le désherbage).

LES BONS GESTES

- ✓ Les oignons n'aiment pas la concurrence : le désherbage est donc primordial pour obtenir une belle récolte.
- ✓ Ils préfèrent un sol bien drainé avec peu d'azote.
- ✓ Binez régulièrement afin d'ameublir la terre et permettre aux bulbes de grossir.

INSECTES ET MALADIES

Le mildiou. C'est la principale maladie de l'oignon blanc. Elle se caractérise par l'apparition de taches blanches et poudreuses sur les feuilles. Pour la prévenir, évitez d'arroser trop souvent.

La mouche de l'oignon. C'est un parasite qui pond ses œufs dans les bulbes : ses larves y creusent des galeries qui les font pourrir. Pour la combattre ou la repousser, vous pouvez appliquer un purin de rhubarbe. Autre solution : planter des carottes à proximité.

ET LA CULTURE EN POT ?

Faire pousser des oignons en pot est facile. Optez pour un grand bac assez profond, et une terre riche. Veillez à ce que la terre ne se dessèche pas.

RÉCOLTER LES OIGNONS BLANCS

Les oignons blancs sont des oignons jeunes que l'on mange en primeur, en juin-juillet, quand le bulbe est bien blanc et le feuillage encore vert.

Pour les récolter, c'est très simple : tirez à la base des feuilles pour extirper le bulbe de la terre. Commencez par récolter les plus avancés (le bulbe dépasse légèrement de terre, un peu comme les radis).

CONSERVER LES OIGNONS BLANCS

Les oignons blancs ne sont pas destinés à être conservés. Entreposez-les dans le bac à légumes du réfrigérateur. Ils se gardent environ 1 semaine.

CUISINER LES OIGNONS BLANCS

Leur odeur est assez forte, mais leur saveur moins piquante, plus douce que celle des oignons jaunes ou des oignons rouges. Leur épluchage fait aussi moins pleurer que celui des oignons jaunes, car ils contiennent moins de substances volatiles et irritantes.

Vous pouvez les déguster crus, dans une salade, ou cuits, dans une poêlée de légumes, une soupe, une pissaladière... Ils servent aussi de condiment dans de nombreux plats.

L'ASTUCE ANTI-GASPI !

Ne jetez pas le vert d'oignon : il constitue un excellent condiment et s'utilise comme des herbes fraîches. Rincez-le, puis ciselez-le finement. Vous pourrez ensuite l'ajouter dans une omelette, le parsemer sur un plat de légumes, un bouillon, une salade, en agrémenter une petite sauce au fromage blanc... Vous pouvez aussi le faire fondre à la poêle avec un filet d'huile d'olive et de l'ail, ou bien le mixer en pesto (voir la recette p.85). N'hésitez pas à le congeler en sachet, il se conserve très bien.

LEURS ATOUTS NUTRITIONNELS

Les oignons sont reconnus depuis des siècles pour leurs nombreuses propriétés santé. Un vieux proverbe auvergnat dit d'ailleurs : « Ail le soir, oignon le matin est le malheur du médecin ! » Les oignons blancs sont une bonne source de flavonoïdes (dont la quercétine), des composés aux propriétés antioxydantes. Des études ont montré qu'ils contiennent des substances aux propriétés bénéfiques contre les maladies cardio-vasculaires, l'obésité, l'hypercholestérolémie, le diabète de type 2 et l'hypertension. Les oignons sont aussi une bonne source de fibres, de vitamines B9 et de manganèse.

Tarte à l'oignon façon pissaladière

Pour *4 personnes* - Temps de préparation : *15 minutes*
Temps de cuisson : *50 minutes* - Temps de repos : *1 h 20*

Ingrédients

Pour la pâte à pain

2 sachets de levure de boulanger déshydratée
300 ml d'eau tiède
500 g de farine
2 cuillerées à café rases de sel
3 cuillerées à soupe d'huile d'olive (+ 1 cuillerée à soupe pour le saladier)

Pour la garniture

1 kg d'oignons blancs
30 g de beurre
2 cuillerées à soupe d'eau
1 cuillerée à soupe de sucre en poudre
2 brins de thym
1 pincée de sel
20 anchois
20 petites olives noires de Nice
1 cuillerée à soupe d'origan séché

Préparation

1. Préparez la pâte à pain. Dans un bol, diluez la levure dans 3 cuillerées à soupe d'eau tiède et laissez reposer 10 minutes.
2. Dans un saladier, mélangez la farine et le sel. Ajoutez la levure, le reste d'eau tiède et l'huile d'olive. Pétrissez longuement de manière à obtenir une pâte souple et homogène (vous pouvez aussi préparer la pâte à pain au robot).
3. Déposez le pâton dans un saladier légèrement huilé, recouvrez d'un torchon et laissez lever 1 heure environ dans un endroit tiède. Le pâton doit doubler de volume.
4. Pelez les oignons blancs et coupez-les en rondelles.

5. Faites fondre le beurre dans une cocotte. Ajoutez les oignons, l'eau, le sucre, le thym et le sel. Laissez-les fondre 20 minutes environ à feu très doux et à couvert. Ôtez le couvercle et laissez cuire encore 5 minutes, toujours à feu très doux. Les oignons doivent être confits, mais non colorés.
6. Étalez la pâte à pain pour former un rectangle de 30 × 40 cm environ. Déposez-la sur une plaque à pâtisserie recouverte de papier sulfurisé.
7. Répartissez les oignons confits en laissant une bordure de 1 à 2 cm environ. Disposez les anchois et les olives, saupoudrez d'origan. Laissez reposer 10 minutes dans un endroit tiède, à l'abri des courants d'air.
8. Pendant ce temps, préchauffez le four à 180 °C (thermostat 6).
9. Enfournez et laissez cuire 25 minutes environ. Dégustez tiède ou froid.

Pesto vert de tiges d'oignons

Pour *1 petit pot*
Temps de préparation : *15 minutes*

Ingrédients

Une douzaine de tiges d'oignons
3 gousses d'ail
2 cuillerées à soupe de parmesan râpé
Huile d'olive
Sel, poivre

Préparation

1. Rincez les tiges d'oignons et coupez-les grossièrement. Pelez l'ail et coupez-le en gros morceaux.
2. Mixez les tiges d'oignons avec l'ail et le parmesan. Ajoutez de l'huile d'olive au fur et à mesure jusqu'à obtenir une consistance onctueuse. Salez légèrement et poivrez.
3. Servez ce pesto à l'apéritif, par exemple avec des bâtonnets de légumes, ou en accompagnement d'une viande ou d'un poisson.

Salade de pommes de terre tièdes aux oignons blancs

Pour *4 personnes* - Temps de préparation : *15 minutes*
Temps de cuisson : *20 minutes*

Ingrédients

Pour la salade
800 g de pommes de terre
8 oignons blancs
Quelques brins de persil plat
Quelques brins de ciboulette

Pour la vinaigrette
1 cuillerée à soupe de moutarde
1 cuillerée à soupe de vinaigre de vin
3 cuillerées à soupe d'huile d'olive
Sel, poivre

Préparation

1. Épluchez les pommes de terre, coupez-les en morceaux et faites-les cuire 20 minutes à la vapeur.
2. Pendant ce temps, pelez et émincez les bulbes des oignons blancs. Rincez les verts et hachez-les finement. Rincez et ciselez le persil et la ciboulette.
3. Dans un saladier, mélangez la moutarde, le vinaigre et l'huile d'olive. Salez et poivrez.
4. Ajoutez les pommes de terre cuites et tiédies et mélangez. Incorporez le blanc et le vert des oignons, ainsi que le persil et la ciboulette. Mélangez et servez sans attendre.

L'ASTUCE EN +

Vous pouvez ajouter dans cette salade quelques radis coupés en fines rondelles.

LES RADIS

Nom latin : *Raphanus sativus L.*
Famille botanique : *Brassicacées*
Type : *légume-racine*

Probablement originaire d'Asie Mineure, le radis faisait déjà partie du menu des Babyloniens et des Égyptiens il y a 4 000 ans. Longues, rondes, petites ou grosses, les différentes variétés proposent une subtile palette de saveurs. Croqué au naturel avec un peu de sel, c'est un pur aliment plaisir également reconnu pour ses bienfaits nutritionnels. De plus, sa culture est très facile !

SEMER ET CULTIVER LES RADIS

Le semis s'effectue en pleine terre **entre mars et fin juillet** dans un sol plutôt léger et sablonneux. Faites un semis en ligne, à 1 cm de profondeur, puis éclaircissez pour garder un radis tous les 2 cm. Prévoyez un écartement entre les lignes de 30 cm environ.

La variété la plus connue est le radis de 18 jours. Il présente une racine demi-longue rose avec un bout bien blanc. Il a l'avantage de se développer très vite, mais de se creuser rapidement.

Nombre de jours avant germination : 2 à 3 jours (selon la température).
Nombre de jours avant récolte : 18 jours pour les variétés les plus connues.

LES BONS GESTES

✓ Les radis n'ont aucun besoin d'apport d'engrais.
✓ Le désherbage est nécessaire pour garder la culture propre.
✓ L'arrosage doit être peu abondant mais régulier pour éviter que les radis ne deviennent trop piquants.
✓ Ils aiment les expositions claires et ensoleillées.

INSECTES ET MALADIES

L'altise. Ce petit insecte perfore les feuilles. Pour le faire fuir, semez les radis à proximité de plantes aromatiques (romarin, sauge, sarriette, thym…). Et arrosez régulièrement (mais peu) car cet insecte n'aime pas du tout l'humidité.

ET LA CULTURE EN POT ?

Les radis sont assez faciles à cultiver en pot, sur votre balcon ou votre terrasse par exemple. Optez pour une variété hâtive, qui pousse rapidement dans peu d'espace, et un pot de 20 cm de diamètre minimum. Dans le fond du pot, installez une couche de billes d'argile, sur 3 ou 4 cm de haut, puis remplissez avec un mélange à parts égales de terreau potager et de sable. Semez les graines de radis en veillant à les espacer de 1 ou 2 cm, puis recouvrez avec 1 cm de terreau, tassez et arrosez. Veillez à ce que le substrat soit humide (arrosez tous les jours en été), puis éclaircissez pour ne garder qu'un radis tous les 2 ou 3 cm. Récoltez les plus gros radis en premier en les arrachant.

RÉCOLTER LES RADIS

Ramassez les radis 3 à 4 semaines après la plantation. N'attendez pas qu'ils soient trop gros et creux, car leur saveur serait forte et piquante.

CONSERVER LES RADIS

Les radis sont à consommer le plus vite possible, ils ne se conservent pas.

CUISINER LES RADIS

Les radis sont traditionnellement consommés crus avec un peu de sel et du beurre.

Vous pouvez aussi les découper en rondelles et les ajouter dans les salades, ou bien les consommer cuits.

L'ASTUCE ANTI-GASPI !

Ne jetez pas les fanes. Triez-les pour ne garder que les plus vertes et les plus fraîches, puis rincez-les bien. Vous pouvez les cuire avec 1 ou 2 pommes de terre, puis mixer le tout en velouté, avec un peu de crème. Vous pouvez aussi en faire un pesto, les cuisiner comme des épinards, en garnir une quiche, etc.

LEURS ATOUTS NUTRITIONNELS

Les radis figurent parmi les légumes les plus riches en eau. Ils sont par ailleurs une excellente source de vitamine C et de divers minéraux, comme le potassium, le calcium, le magnésium, le fer... Ils contiennent en outre des composés soufrés bons pour le foie et la digestion, ainsi que des antioxydants indispensables dans la lutte contre les radicaux libres, sources de vieillissement et de maladies.

Salade crémeuse de radis

Pour *4 personnes* - Temps de préparation : *15 minutes*
Temps de repos : *1 heure*

Ingrédients

300 g de radis roses
1 petit oignon blanc
Quelques brins de menthe
200 g de fromage blanc
2 cuillerées à soupe d'huile d'olive
½ cuillerée à café de cumin moulu
Sel, poivre

Préparation

1. Enlevez les fanes (conservez-les pour une autre préparation) et rincez les radis. Taillez-les en fines rondelles à l'aide d'un couteau ou d'une mandoline.
2. Pelez et hachez finement l'oignon. Rincez et ciselez la menthe.
3. Dans un saladier, mélangez le fromage blanc avec l'huile d'olive. Ajoutez le cumin, salez et poivrez. Ajoutez les radis, l'oignon et la menthe. Mélangez et réservez 1 heure au frais.

Gaspacho de radis roses au chèvre frais

Pour *4 personnes* - Temps de préparation : *15 minutes*
Temps de repos : *1 heure*

Ingrédients

300 g de radis roses
200 g de yaourt
120 ml d'eau
Le jus de ½ citron
1 cuillerée à soupe d'huile d'olive
80 g de fromage de chèvre frais
Quelques brins de ciboulette
Sel, poivre

Préparation

1. Enlevez les fanes (conservez-les pour une autre préparation) et rincez les radis. Gardez 2 radis pour la présentation et coupez les autres grossièrement.
2. Dans le bol d'un blender, mettez les radis coupés, le yaourt, la moitié de l'eau, le jus de citron et l'huile d'olive. Mixez finement jusqu'à obtention d'une consistance onctueuse en ajustant la quantité d'eau. Salez et poivrez à votre goût.
3. Réservez au moins 1 heure au frais.
4. Répartissez le gaspacho dans des verres, ajoutez une quenelle de chèvre frais et décorez de ciboulette ciselée.

Pickles de radis roses

Pour *1 pot de 350 ml environ* (type pot à confiture)
Temps de préparation : *15 minutes* - Temps de cuisson : *5 minutes*
Temps de repos : *2 jours*

Ingrédients

200 g de radis roses
200 ml de vinaigre de vin rouge
100 ml d'eau
1 cuillerée à café de sel
1 cuillerée à soupe de sucre en poudre
5 grains de poivre noir
5 baies roses
1 feuille de laurier
1 clou de girofle

Préparation

1. Stérilisez le pot et son couvercle en les plongeant 5 minutes dans de l'eau bouillante.
2. Enlevez les fanes (conservez-les pour une autre préparation) et rincez les radis. Coupez-les en tranches.
3. Dans une casserole, versez le vinaigre et l'eau. Ajoutez le sel et le sucre et portez le tout à ébullition.
4. Remplissez le pot avec les rondelles de radis. Versez le liquide bouillant par-dessus (le liquide doit recouvrir tous les radis) et ajoutez les grains de poivre, les baies roses, le laurier et le clou de girofle. Fermez le bocal et laissez refroidir, puis entreposez au moins 2 jours au frais avant de consommer.

L'ASTUCE EN +

Ces pickles de radis se consomment à l'apéritif ou dans des salades.

LES LAITUES

Nom latin : *Lactuca sativa L.*
Famille botanique : *Astéracées*
Type : *légume-feuille*

La salade, qui n'est à l'origine qu'une plante amère, est « apprivoisée » il y a environ 7000 ans. Aujourd'hui, on peut en distinguer quatre grandes familles : les laitues (qui regroupent les batavias, les feuilles de chêne, les laitues beurre ou pommées, les laitues romaines…), les chicorées, la roquette et la mâche. Cette fiche concerne les laitues, des salades faciles à cultiver (même en jardinière !) et qui réclament peu d'espace.

SEMER ET CULTIVER LES LAITUES

Pour les salades de printemps, le semis se fait **entre mi-janvier et mi-mars** sous abri. Pour des salades d'été, il se fait **entre fin avril et fin juin.** Espacez les lignes de 30 à 50 cm et n'enfouissez pas trop les graines. Quand les plants ont 4 ou 5 feuilles, éclaircissez pour ne laisser qu'un plant tous les 25 à 30 cm.

Nombre de jours avant germination : 7 à 10 jours (selon la température).
Nombre de semaines avant récolte : 8 à 10 semaines (selon la variété choisie).

Si vous voulez éviter l'étape du semis, achetez vos laitues en pot (godet) avec quelques feuilles. Vous les planterez alors au potager (ou même en bac sur une terrasse ou un balcon).

LES BONS GESTES

- ✓ Plantez vos salades dans un endroit partiellement ensoleillé.
- ✓ Attention de ne pas enterrer le collet (c'est-à-dire la base du plant) : laissez cette partie affleurer.
- ✓ Plantez ce dont vous avez besoin et renouvelez les plantations régulièrement.
- ✓ Arrosez régulièrement en été pour éviter la montée en graines. Arrosez modérément pendant les autres saisons.
- ✓ Binez pour aérer la terre.
- ✓ Paillez pour éviter la pousse des mauvaises herbes et garder le sol frais.

INSECTES ET MALADIES

Les limaces et les escargots. Ce sont les principaux ennemis des salades. Pour leur faire barrage, vous pouvez étaler de la cendre bien sèche autour de vos salades (c'est aussi un très bon engrais naturel). Vous pouvez aussi déposer près de vos plantations une soucoupe remplie de bière : les indésirables s'y noieront.

Le taupin. Ce coléoptère est redoutable, surtout ses larves qui provoquent des dégâts. Pour les éviter, pratiquez la rotation des cultures et utilisez du purin de fougère. Mais la meilleure solution reste le piégeage avec des pommes de terre : coupez des pommes de terre en rondelles et enfouissez-les à 5 cm de profondeur environ. Tous les 2 jours, ramassez ces pièges et brûlez-les.

Le mildiou. Cette maladie se caractérise par l'apparition de taches blanches et poudreuses sur les feuilles. Pour l'éviter, veillez à arroser au pied des salades sans toucher les feuilles.

La sclérotiniose. Cette maladie, aussi appelée « pourriture blanche », est causée par un champignon. Pour la prévenir, faites une rotation des cultures et arrosez le matin.

ET LA CULTURE EN POT ?

Les laitues sont assez faciles à cultiver en pot, à condition de choisir une variété à faible développement (par exemple feuille de chêne blonde ou verte, lollo rossa, blonde à couper améliorée...). Optez pour une jardinière ou un grand bac carré d'une profondeur de 25 à 30 cm, avec un fond permettant l'évacuation de l'eau. Vous pouvez opter pour des plants en godet, à espacer de 25 cm environ.

N'enterrez pas le collet et tassez le substrat avant d'arroser au pied. Installez votre pot à la lumière du soleil, dans un endroit partiellement ombragé. Veillez à ce que le substrat soit continuellement frais, afin d'éviter la montée en graines.

RÉCOLTER LES LAITUES

Les salades d'été et d'automne se récoltent de 6 à 8 semaines après le semis, quand leur cœur a atteint une bonne taille. Attention : il faut absolument récolter avant la montée en graines (voir les explications ci-après).

N'arrachez pas les racines, mais utilisez un bon couteau, et coupez-la 2 cm au-dessus du collet. Laissez ainsi la partie blanche et de nouvelles pousses apparaîtront rapidement pour une autre récolte. Ensuite, arrosez régulièrement afin de maintenir le sol humide.

QU'EST-CE QUE LA MONTÉE EN GRAINES ?

La montée en graines ou montaison survient lorsque les tiges des légumes s'allongent et laissent place à des fleurs. Ce phénomène fait partie du cycle naturel de la vie des végétaux : chez les légumes-fruits (comme les aubergines ou les tomates), il annonce la récolte à venir ; chez les légumes-feuilles (comme les salades) ou les légumes-racines, il en annonce au contraire la fin. D'habitude, on mange la récolte des légumes-feuilles et racines avant, mais parfois le phénomène se produit trop vite, lorsque la plante est stressée en raison du manque d'eau ou lors des grandes chaleurs de l'été. Elle concentre alors son énergie sur la floraison afin de produire des graines qui assureront sa propagation. C'est un réflexe de survie. Mais une salade montée en graines devient alors non comestible (tiges dures et ligneuses, feuilles au goût amer).

CONSERVER LES LAITUES

La salade doit être consommée rapidement après la récolte. Vous pouvez la conserver 2 à 3 jours maximum dans le bac à légumes du réfrigérateur. Au-delà, elle perd de son croquant et se flétrit. Mais il existe des astuces pour lui redonner une nouvelle fraîcheur. Vous pouvez par exemple l'effeuiller, la laver et bien la sécher. Mettez-la ensuite dans un sachet ou une boîte hermétique avec quelques feuilles de papier absorbant, fermez le tout et entreposez au réfrigérateur.

L'ASTUCE EN +

Si votre salade a déjà flétri, faites-la tremper quelques minutes dans un bain d'eau froide additionnée de quelques gouttes de vinaigre blanc. Elle devrait retrouver son croquant.

CUISINER LES LAITUES

Les salades se consomment le plus souvent crues, seules ou mélangées avec d'autres légumes, et assaisonnées avec une vinaigrette (attendez la dernière minute pour l'assaisonner afin d'éviter qu'elle ne flétrisse). Mais il est également possible de la déguster cuite (par exemple avec des petits pois frais en jardinière), en soupe...

LEURS ATOUTS NUTRITIONNELS

Les laitues sont très peu caloriques car riches en eau. Elles sont également rassasiantes en raison de leur haute teneur en fibres. Elles contiennent des pigments antioxydants, en particulier des anthocyanes dans le cas des laitues rouges, de la chlorophylle et des caroténoïdes. Ces composés ont des effets bénéfiques sur la tension artérielle, le système immunitaire, la prévention contre les microbes et les cellules cancéreuses, etc. Elles sont également riches en vitamines (notamment B9 et C) et en minéraux (potassium, phosphore, magnésium…).

Laitues braisées à la poitrine fumée

Pour *4 personnes* - Temps de préparation : *10 minutes*
Temps de cuisson : *1 h 20*

Ingrédients

4 petites laitues bien pommées
2 oignons blancs
150 g de poitrine de porc fumée
1 cuillerée à soupe d'huile d'olive
1 feuille de laurier
1 brin de thym
500 ml de bouillon de légumes
Sel, poivre

Préparation

1. Lavez les salades en écartant bien les feuilles. Éliminez l'extrémité du trognon, mais laissez les salades entières.
2. Faites blanchir les salades en les plongeant 10 minutes dans une casserole d'eau bouillante. Égouttez-les.
3. Pelez et émincez les oignons. Coupez la poitrine de porc en lamelles.
4. Faites chauffer l'huile d'olive dans une cocotte. Ajoutez les oignons et faites-les fondre 5 minutes à feu moyen en remuant régulièrement. Ajoutez les lamelles de poitrine fumée et faites cuire encore 5 minutes à feu moyen.
5. Baissez le feu, ajoutez les laitues, le laurier et le thym. Salez et poivrez. Versez le bouillon de légumes, couvrez et laissez cuire 30 minutes environ. Puis retirez le couvercle et laissez cuire encore 30 minutes en retournant les laitues de temps en temps. Servez bien chaud.

Rouleaux de printemps aux légumes croquants

Pour *4 personnes* - Temps de préparation : *30 minutes*
Temps de cuisson : *4 minutes*

Ingrédients

100 g de vermicelles de riz
4 belles et grandes feuilles de laitue
1 carotte
8 radis
200 g de reste de poulet cuit
Quelques feuilles de menthe
4 feuilles de riz
Sauce soja ou sauce pour nems

Préparation

1. Plongez les vermicelles de riz 4 minutes dans une casserole d'eau bouillante (hors du feu). Démêlez-les à l'aide d'une fourchette, puis rincez-les à l'eau froide et égouttez-les.
2. Rincez les feuilles de laitue, enlevez les nervures centrales (en gardant les feuilles entières).
3. Épluchez la carotte et râpez-la. Rincez les radis et coupez-les en fins bâtonnets dans le sens de la longueur. Effilochez le poulet cuit. Rincez et séchez les feuilles de menthe.
4. Humidifiez un torchon et posez-le à plat sur votre plan de travail. Humidifiez une feuille de riz en la trempant dans un saladier d'eau froide. Posez-la sur le torchon humide, et ajoutez une feuille de salade dessus.
5. En bas de la feuille, en laissant 3 à 4 cm environ sur les bords, répartissez les vermicelles, les carottes râpées, les bâtonnets de radis, le poulet et les feuilles de menthe. Repliez les deux côtés de la feuille de riz vers le centre, sur la préparation, puis roulez-la délicatement. Réalisez les trois autres rouleaux de la même façon.
6. Réservez les rouleaux au frais jusqu'au moment de servir. Accompagnez avec la sauce soja ou la sauce pour nems.

Velouté de laitue

Pour *4 personnes* - Temps de préparation : *10 minutes*
Temps de cuisson : *30 minutes*

Ingrédients

2 laitues
2 grosses pommes de terre
2 échalotes
1 gousse d'ail
1 cuillerée à soupe d'huile d'olive
1 cube de bouillon de légumes
150 g de crème fraîche
Sel, poivre

Préparation

1. Lavez les laitues et hachez-les grossièrement. Épluchez les pommes de terre et coupez-les en dés. Pelez et émincez séparément les échalotes et l'ail.
2. Faites chauffer l'huile d'olive dans une cocotte. Ajoutez les échalotes et faites-les fondre 5 minutes à feu doux.
3. Ajoutez la salade et poursuivez la cuisson pendant 5 minutes à feu moyen (la salade va « tomber »).
4. Ajoutez les pommes de terre et l'ail. Salez et poivrez. Versez de l'eau à hauteur, ajoutez le cube de bouillon de légumes et laissez cuire 20 minutes.
5. Mixez la soupe avec la crème fraîche. Réchauffez quelques minutes avant de servir.

LES TOMATES

Nom latin : *Solanum lycopersicum L.*
Famille botanique : *Solanacées*
Type : *légume-fruit*

Originaire d'Amérique du Sud, la tomate est aujourd'hui cultivée dans le monde entier pour son fruit charnu, consommé comme un légume. Elle compte plusieurs milliers de variétés. Voilà une culture incontournable en été et facile à réussir à condition de connaître quelques astuces.

SEMER ET CULTIVER LES TOMATES

La multiplication se fait par semis. Cette opération doit se faire tôt, **vers février-mars,** sous serre ou châssis vitré, en climat tempéré. Les jeunes plants obtenus sont à repiquer **en mai-juin,** une fois la période des gelées terminée.

Le plant peut être repiqué en biais, quasiment à l'horizontale, en enterrant le bas de la tige jusqu'aux premières feuilles et en faisant un coude sur le tuteur. Cela permet de ralentir le flux de sève (grâce au coude) et favorise le développement des racines, qui vont venir renforcer le plant et donner plus de tomates.

Nombre de jours avant germination : 15 jours sous abri.
Nombre de jours avant récolte : 25 à 30 jours pour une tomate cerise ou une petite tomate, 45 à 60 jours pour une grosse tomate, à partir de l'épanouissement de la fleur.

La tomate est une plante de climat tempéré chaud. Sa température idéale de croissance se situe entre 15 °C (la nuit) et 25 °C (le jour). Elle craint les températures inférieures à 2 °C et le gel.

LES BONS GESTES

✓ Les tomates ont besoin d'une terre riche en nutriments. Ne les plantez pas après une culture de légumes-fruits ou de cucurbitacées. L'idéal est de préparer le sol dès l'automne : après avoir désherbé et bêché la terre, faites un copieux apport de fumier bien décomposé.

✓ En début de végétation, binez, désherbez et paillez.

✓ Les tomates ont besoin de beaucoup d'eau : optez pour un arrosage automatique par goutte-à-goutte programmé le soir à la fraîche. Attention : veillez à ne jamais arroser les feuilles, en raison du risque de mildiou (voir ci-après).

✓ Pour avoir de plus grosses tomates, taillez les gourmands, c'est-à-dire les départs de tiges secondaires qui naissent à l'aisselle (intérieur de l'angle formé par une feuille insérée sur la tige) de la tige principale et d'une feuille. Vous pouvez le faire avec les doigts ou avec un sécateur.

INSECTES ET MALADIES

Le mildiou de la tomate. Cette maladie, due à un pseudo-champignon, se manifeste par des taches noires sur les feuilles. Elle est liée à la conjugaison de deux facteurs : la chaleur et l'humidité. Elle est particulièrement dévastatrice. Pour la prévenir, aérez au maximum les pieds afin que l'air puisse circuler, n'arrosez jamais le feuillage et évitez que les feuilles ou les tomates ne touchent le sol. Supprimez les feuilles touchées et traitez avec de la bouillie bordelaise.

L'oïdium. Ce champignon provoque l'apparition d'une sorte de poudre blanche sur les feuilles et les tiges. Pour l'éviter, espacez bien les plants, éliminez rapidement les feuilles malades et préférez l'arrosage goutte-à-goutte pour limiter l'excès d'humidité.

Le puceron des racines et le puceron noir. Ces insectes ravageurs piquent la plante et se nourrissent de sa sève. Traitez avec de la bouillie bordelaise.

Les escargots et les limaces. Ce sont, avec les pucerons, les ravageurs les plus fréquents. La solution pour les détourner : déposer du marc de café et des coquilles d'œufs autour des plants.

ET LA CULTURE EN POT ?

Le plus simple, quand on débute, est de commencer par les tomates cerises. Achetez un plant et prévoyez un pot assez profond (au moins 30 cm) ainsi qu'un tuteur. Déposez une couche de drainage au fond du pot, puis de la terre de jardin mélangée avec du terreau, complétez avec du fumier bien décomposé ou du compost. Arrosez très régulièrement (la terre doit toujours être mouillée, mais pas détrempée) et paillez la surface pour conserver l'humidité. Pensez également à éliminer les gourmands (voir ci-avant, « les bons gestes »).

RÉCOLTER LES TOMATES

La maturité de la tomate s'apprécie en fonction de sa couleur, qui varie bien sûr en fonction de la variété. Dans le doute, tâtez-les : si vous sentez qu'elles sont légèrement ramollies, c'est le bon moment. Tenez le fruit dans la main et tournez légèrement pour casser la tige juste au-dessus du pédoncule.

Sachez que les tomates peuvent continuer à mûrir une fois cueillies : posez-les entre deux feuilles de papier journal (éventuellement avec quelques pommes ou bananes). C'est idéal pour faire mûrir les tomates tombées au sol alors qu'elles n'étaient pas encore tout à fait mûres.

L'ASTUCE ANTI-GASPI !

Certaines de vos tomates n'arrivent pas à mûrir et restent vertes ? Ne les jetez pas. Vous pouvez essayer de les faire mûrir, comme expliqué ci-dessus. Ne les consommez pas crues, car elles sont trop riches en solanine, un composé toxique. La cuisson permet de l'éliminer.

CONSERVER LES TOMATES

Les tomates se conservent sans problème dans un lieu frais pendant 1 semaine. Ne les mettez pas au réfrigérateur car elles perdraient tous leurs arômes.

Si votre récolte est abondante, sachez qu'il existe mille et une façons de conserver les tomates.

- Vous pouvez **les transformer** en sauce, ketchup, chutney, confiture, coulis...
- Vous pouvez également **les congeler,** brutes (lavez-les et séchez-les, puis congelez-les entières ou en morceaux) ou sous forme de coulis, de plat cuisiné, etc.
- Vous pouvez aussi en **faire des conserves,** sous différentes formes : tomates entières, tomates pelées, coulis de tomates...
- Autre solution : **le séchage,** au soleil, au four ou au déshydrateur. Vous pourrez ensuite conserver vos tomates séchées telles quelles, réduites en poudre ou encore conditionnées dans de l'huile.

CUISINER LES TOMATES

Les tomates se cuisinent à toutes les sauces : crues et cuites, en salade, en soupe froide ou chaude, en sauce, farcies, en version salée ou même sucrée...

LEURS ATOUTS NUTRITIONNELS

Riches en eau, les tomates font partie des légumes stars de l'été. Elles apportent de nombreux minéraux (en particulier du potassium) et vitamines (surtout C, B9 et provitamine A). Elles renferment également un antioxydant particulier, le lycopène, qui a une action bénéfique sur les yeux et dans la prévention des cancers, notamment celui de la prostate. La petite astuce à connaître : les tomates cuites sont encore plus riches en lycopène que les tomates crues. N'hésitez pas à les consommer en sauces, en tartes, farcies...

Tomates farcies de la maman de Jérôme

Pour *6 à 8 personnes* - Temps de préparation : *20 minutes* - Temps de cuisson : *1 h 05*

Ingrédients

3 biscottes
1 oignon
8 à 10 grosses tomates
500 g de viande de bœuf hachée
Huile d'olive
250 g de riz long
100 ml de lait
2 œufs
Quelques brins de persil plat
500 g de chair à saucisse
1 cuillerée à soupe d'herbes de Provence
Sel, poivre

Préparation

1. Préchauffez le four à 190 °C (thermostat 6-7).
2. Cassez les biscottes en morceaux. Faites-les tremper dans le lait afin de les imbiber.
3. Pelez et hachez finement l'oignon. Rincez et ciselez le persil.
4. Préparez la farce. Dans un saladier, mélangez la viande hachée, la chair à saucisse, le persil, l'oignon et les œufs. Ajoutez les biscottes pressées entre les mains pour enlever l'excédent de lait. Salez et poivrez. Pétrissez la préparation avec les mains afin d'obtenir une texture homogène.
5. Lavez et essuyez les tomates. Découpez un chapeau sur chacune. Creusez l'intérieur à l'aide d'une cuillère à soupe, sans percer leur peau. Récupérez la pulpe et versez-la dans le fond du plat.
6. Remplissez les tomates avec la farce à la viande, reposez par-dessus les chapeaux. Déposez-les dans le plat de cuisson et arrosez-les d'un filet d'huile d'olive.
7. Enfournez pour 20 minutes.
8. Sortez le plat du four, salez et poivrez la pulpe de tomates. Ajoutez des herbes de Provence et le riz, ainsi qu'un filet d'huile d'olive. Mélangez et enfournez à nouveau pour 45 minutes.

Tatin de tomates

Pour *4 à 6 personnes* - Temps de préparation : *10 minutes*
Temps de cuisson : *1 heure*

Ingrédients

1 kg de tomates
2 gousses d'ail
1 brin de thym
1 brin de romarin
1 cuillerée à soupe de sucre roux
1 cuillerée à soupe d'huile d'olive (+ 1 cuillerée à soupe pour le moule)
1 pâte feuilletée (achetée chez le boulanger ou faite maison)
1 cuillerée à soupe de vinaigre balsamique
Sel, poivre

Préparation

1. Préchauffez le four à 180 °C (thermostat 6).
2. Rincez les tomates, ôtez leur pédoncule et leur cœur et coupez-les en deux. Disposez-les les unes à côté des autres dans un moule à manqué préalablement huilé.
3. Pelez et pressez l'ail. Sur les tomates, ajoutez l'ail pressé, le thym et le romarin effeuillés, le sucre et l'huile d'olive. Salez légèrement et poivrez.
4. Enfournez pour 30 minutes. Étalez la pâte feuilletée en un disque légèrement plus grand que le moule.
5. Une fois les tomates cuites, arrosez avec le vinaigre balsamique. Couvrez avec la pâte feuilletée et repliez les bords à l'intérieur. Piquez le dessus de la pâte feuilletée de quelques trous.
6. Enfournez pour 30 minutes. À la sortie du four, retournez la tarte tatin sur un plat de service. Servez tiède ou froid.

Sauce tomate en bocal

Pour *3 à 4 bocaux de 350 ml* (type pots à confiture)
Temps de préparation : *15 minutes* - Temps de cuisson : *2 h 50*

Ingrédients

2,5 kg de tomates
2 oignons blancs
2 gousses d'ail
1 cuillerée à soupe d'huile d'olive
½ bouquet de thym
2 brins de romarin
1 feuille de laurier
1 brin d'estragon
1 cuillerée à café de sucre en poudre
Sel, poivre

Préparation

1. Rincez les tomates, ôtez leur pédoncule et plongez-les 10 secondes dans une casserole d'eau bouillante, puis dans un bain d'eau glacée. Égouttez-les et épluchez-les en les incisant, puis en tirant simplement sur la peau.
2. Coupez les tomates en morceaux. Pelez et émincez les oignons et l'ail.
3. Dans une cocotte, versez l'huile d'olive. Ajoutez l'oignon et l'ail, et faites-les revenir 5 minutes à feu doux. Ajoutez les tomates, le thym, le romarin, le laurier, l'estragon et le sucre. Salez et poivrez. Laissez mijoter 2 heures environ à feu doux en mélangeant de temps en temps.
4. Stérilisez les bocaux et leur couvercle en les plongeant 10 minutes dans de l'eau bouillante. Versez-y la sauce tomate bien chaude (attention de ne pas vous brûler !), puis fermez les bocaux.
5. Plongez-les dans une marmite remplie d'eau tiède, portez à ébullition et laissez bouillir 45 minutes. Sortez les bocaux et laissez-les refroidir. Stockez-les dans un endroit frais et sec, à l'abri de la lumière. La sauce tomate se conserve ainsi jusqu'à 12 mois.

LES AUBERGINES

Nom latin : *Solanum melongena L.*
Famille botanique : *Solanacées*
Type : *légume-fruit*

La culture de l'aubergine est très ancienne. Elle remonte en effet à près de 3000 ans, dans la région indo-birmane. Souvent associé à la cuisine méditerranéenne, c'est un légume-fruit qui adore la chaleur. Il existe une grande variété d'aubergines. On peut les distinguer en fonction de leur forme (ovale, longue, cylindrique…) et de leur couleur (noire, blanche, violette, verte).

SEMER ET CULTIVER LES AUBERGINES

La culture de l'aubergine n'est pas forcément très facile, surtout dans les zones les plus froides : il est préférable de partir de plants d'aubergines, à planter **en mai** après la fin des gelées. Repiquez-les en ligne tous les 50 cm environ dans un sol réchauffé en prévoyant un écartement de 70 cm environ entre les lignes.

Nombre de jours avant récolte : environ 90 jours (selon la variété choisie et les températures).

LES BONS GESTES

- ✓ L'apport de compost maison ou de fumier est essentiel à la bonne réussite de la culture.
- ✓ Un désherbage régulier est nécessaire pour garder la culture propre.
- ✓ L'arrosage est indispensable : privilégiez le goutte-à-goutte pour un arrosage régulier.
- ✓ Pour obtenir de beaux fruits et hâter la production, la taille doit être soigneuse. Faites-le au début du mois de juillet : coupez la tige principale au-dessus de la deuxième fleur. Deux ou trois nouvelles tiges naîtront et vous pourrez répéter l'opération.

INSECTES ET MALADIES

Le doryphore. Cette sorte de coccinelle avec un dos rayé jaune et noir s'attaque presque exclusivement aux plantes potagères de la famille des solanacées. Les doryphores mangent les feuilles et peuvent très rapidement anéantir un pied, d'autant qu'il se reproduit très vite : au printemps, les femelles pondent environ 800 œufs chacune au revers des feuilles. La prévention est essentielle. Pratiquez la rotation des cultures, afin d'éviter que les maladies perdurent et que les insectes nuisibles s'installent (en pratique, évitez ainsi de planter 2 années de suite des solanacées sur la même parcelle). Associez l'aubergine avec des cultures qui les éloignent, comme l'ail, le chanvre, le lin et le ricin. Enfin, favorisez la présence des coccinelles, qui mangent les larves de doryphore, en plantant des capucines, du fenouil et des fèves.

Le mildiou. À l'instar de nombreuses solanacées, les aubergines sont sensibles à ce pseudo-champignon qui se développe sur un feuillage humide, par temps chaud. Attention lors de l'arrosage : évitez de mouiller les feuilles ou préférez le goutte-à-goutte.

ET LA CULTURE EN POT ?

L'aubergine peut se cultiver sur un balcon dans un grand pot ou en bac. Cette plante aimant avoir de la place (ses racines sont assez longues), prévoyez un contenant d'au moins 60 cm de profondeur. Comme pour la plantation en pleine terre, taillez soigneusement la tige et ajoutez un tuteur. Paillez la terre et arrosez au pied au moins une fois par semaine, davantage en période de fortes chaleurs (en évitant de mouiller le feuillage). Attention également à l'humidité stagnante.

RÉCOLTER LES AUBERGINES

Récoltez les aubergines lorsqu'elles sont de belle taille et d'une couleur uniforme. Coupez le fruit au niveau de la tige à l'aide d'un sécateur. Attention aux épines, sur les tiges et à la base des fruits, qui sont des reliquats de ses formes sauvages.

CONSERVER LES AUBERGINES

Les aubergines se conservent 2 à 3 jours à l'air libre, et jusqu'à 1 petite semaine dans le bac à légumes du réfrigérateur.

Si vous voulez les conserver plus longtemps, il y a plusieurs façons de faire :

- Vous pouvez les **congeler :** découpez-les en rondelles, puis faites-les blanchir quelques minutes dans de l'eau bouillante additionnée d'un peu de jus de citron. Congelez-les à plat pendant 1 heure avant de les placer dans des sachets congélation et de les remettre au congélateur.
- Vous pouvez aussi les **cuire,** puis les faire mariner dans de l'huile d'olive et des herbes aromatiques. Conservez au réfrigérateur pendant 1 mois maximum.

CUISINER LES AUBERGINES

Les aubergines se consomment uniquement cuites. De nombreux modes de cuisson sont possibles : à la poêle, au wok, au four, sur le gril... Elles entrent aussi dans la composition de nombreux plats emblématiques de la cuisine méditerranéenne : ratatouille, moussaka...

N'hésitez pas à les consommer avec la peau, qui concentre la majeure partie de leurs propriétés santé. Sachez que l'aubergine est très spongieuse : elle absorbe beaucoup de gras lors de la cuisson. Pour éviter cela, vous pouvez faire cuire l'aubergine à la vapeur pendant 10 minutes avant de la faire revenir dans l'huile d'olive.

L'ASTUCE EN +

Inutile de faire dégorger les aubergines : vous perdriez une partie de leur goût et de leurs précieux nutriments.

LEURS ATOUTS NUTRITIONNELS

Pauvres en calories, les aubergines sont riches en fibres douces (appelées pectines), bien tolérées par les intestins. Elles contiennent aussi des phytostérols, qui aident à réguler le taux de cholestérol sanguin, et ont une action bénéfique dans la prévention des maladies cardio-vasculaires. Elles affichent une haute teneur en antioxydants, essentiels dans la prévention de nombreuses maladies, et surtout concentrés dans leur peau. Elles apportent aussi des vitamines B (B1 et B6) et de nombreux minéraux et oligo-éléments (potassium, cuivre, manganèse, sélénium...).

Caviar d'aubergines

Pour *4 personnes* - Temps de préparation : *15 minutes*
Temps de cuisson : *30 minutes* - Temps de repos : *1 heure*

ÉTÉ

Ingrédients

3 aubergines
200 ml d'huile d'olive
2 gousses d'ail
Le jus de ½ citron
Sel, poivre

Préparation

1. Préchauffez le four à 210 °C (thermostat 7).
2. Rincez les aubergines, coupez-les en deux dans le sens de la longueur et quadrillez leur chair sans entamer leur peau. Salez, poivrez et arrosez-les d'un filet d'huile d'olive.
3. Déposez les aubergines dans un plat et enfournez pour 30 minutes environ. Vérifiez la cuisson en plantant la pointe d'un couteau dans la chair : elle doit être tendre.
4. Récupérez la chair des aubergines à l'aide d'une cuillère à soupe et écrasez-la à l'aide d'une fourchette.
5. Pelez et pressez l'ail. Mélangez la chair des aubergines avec l'ail et l'huile d'olive restante. Ajoutez le jus de citron. Rectifiez l'assaisonnement. Réservez au moins 1 heure au frais avant de servir, par exemple à l'apéritif avec des bâtonnets de légumes.

L'ASTUCE EN +

Selon vos goûts, vous pouvez relever ce caviar avec des épices : piment, curcuma, cumin, gingembre, paprika… Vous pouvez aussi y ajouter quelques herbes fraîches : coriandre, menthe…

Lasagnes aux aubergines

Pour 6 *personnes* - Temps de préparation : *15 minutes* - Temps de cuisson : *1 h 15*

Ingrédients

3 aubergines
Huile d'olive, sel

Pour la sauce
1 oignon blanc
1 cuillerée à soupe d'huile d'olive
500 g de viande de bœuf hachée
400 g de sauce tomate (voir la recette p. 116)
1 cuillerée à soupe d'herbes de Provence
Sel, poivre

12 feuilles de pâte à lasagne
1 grosse poignée de gruyère râpé

Pour la béchamel
50 g de beurre
50 g de farine
500 ml de lait
1 pincée de noix de muscade moulue
Sel, poivre

ÉTÉ

Préparation

1. Préchauffez le four à 180 °C (thermostat 6).
2. Rincez les aubergines. Coupez-les, dans le sens de la longueur, en tranches de 1 cm d'épaisseur environ. Déposez-les sur une plaque de four recouverte de papier sulfurisé. Badigeonnez-les d'huile d'olive et salez. Enfournez pour 10 minutes.
3. Pelez et hachez l'oignon.
4. Faites chauffer 1 cuillerée à soupe d'huile d'olive dans une poêle. Ajoutez l'oignon et laissez-le fondre 5 minutes, puis ajoutez la viande hachée. Faites-la revenir 5 minutes à feu moyen. Versez la sauce tomate. Salez, poivrez et ajoutez les herbes de Provence. Mélangez, puis laissez mijoter 15 minutes.
5. Pendant ce temps, préparez la béchamel. Faites fondre le beurre à feu doux, puis ajoutez la farine en une fois. Mélangez quelques instants, puis versez le lait et la muscade. Salez et poivrez. Mélangez sans s'arrêter jusqu'à l'ébullition pour éviter les grumeaux. Une fois que la béchamel a épaissi, retirez-la du feu et réservez.
6. Huilez un plat à four. Étalez dans le fond 2 cuillerées à soupe de béchamel.
7. Disposez 3 feuilles de lasagne côte à côte, puis un tiers des tranches d'aubergine et un tiers du mélange à la viande hachée. Ajoutez quelques cuillerées de béchamel. Répétez cette opération deux fois et terminez par une couche de béchamel. Répartissez le gruyère râpé sur le dessus. Enfournez pour 30 minutes. Servez bien chaud.

Tartines d'aubergine

Pour *4 personnes* **- Temps de préparation :** *10 minutes*
Temps de cuisson : *15 minutes*

Ingrédients

1 aubergine
Huile d'olive
2 tomates
2 gousses d'ail
Quelques brins de basilic
125 g de mozzarella
4 tranches de pain complet ou de campagne, selon vos goûts
4 cuillerées à soupe de concentré de tomate
Sel, poivre

Préparation

1. Préchauffez le four à 180 °C (thermostat 6).
2. Lavez l'aubergine et coupez-la en tranches fines, dans le sens de la longueur.
3. Faites chauffer 1 cuillerée à soupe d'huile d'olive dans une poêle. Ajoutez les tranches d'aubergine et faites-les cuire 5 minutes à feu moyen en les retournant très régulièrement. Puis réservez-les sur une feuille de papier absorbant afin d'éliminer le maximum d'huile.
4. Rincez les tomates et coupez-les en fines tranches. Pelez les gousses d'ail et coupez-les en deux. Rincez et ciselez le basilic. Coupez la mozzarella en tranches.
5. Frottez les tranches de pain avec les gousses d'ail. Tartinez chacune avec 1 cuillerée à soupe de concentré de tomate.
6. Répartissez sur chaque tranche de pain une tranche d'aubergine, quelques rondelles de tomate, de la mozzarella et un peu de basilic (gardez quelques feuilles pour la décoration). Salez légèrement et poivrez. Arrosez d'un filet d'huile d'olive.
7. Enfournez pour 10 minutes environ. Décorez de quelques feuilles de basilic. Servez chaud avec une belle salade verte.

LES CONCOMBRES

Nom latin : *Cucumis sativus L.*
Famille botanique : *Cucurbitacées*
Type : *légume-fruit*

Le concombre est une plante potagère de la même famille que le melon, la courge ou encore le cornichon. Originaire de la région de l'Himalaya, il aurait été domestiqué en Inde il y a plus de 3000 ans. Son fruit, qui est une baie contenant de nombreuses graines, est consommé comme légume. Il ne peut être cultivé en pleine terre qu'en régions tempérées ou chaudes, c'est la raison pour laquelle la culture sous serre est très répandue.

SEMER ET CULTIVER LES CONCOMBRES

Le semis en pleine terre se fait **en mars ou avril** sous abri (en mai dans le nord de la France), en poquets de 3 à 4 graines (voir p. 47).

Une fois que les pieds font 15 cm environ, il peut être repiqué en pleine terre, après la fin des risques de gelées, **mi-mai ou fin mai.** Veillez à espacer les pieds de 60 cm et les rangs de 1 m.

Sous serre chauffée, le semis peut se faire dès le mois de janvier et la plantation a lieu 4 semaines plus tard.

Nombre de jours avant germination : 7 jours (selon la température).
Nombre de mois avant récolte : 3 à 4 mois après le semis (selon la variété choisie).

ET LE CORNICHON ?

Le concombre et le cornichon sont le même légume. Mais des variétés ont été sélectionnées afin que les fruits du cornichon restent de petite taille, même à maturité.

LES BONS GESTES

- ✓ Pour obtenir une production abondante, une bonne fertilisation et une irrigation suffisante sont nécessaires.
- ✓ Le concombre apprécie le voisinage du chou, de la laitue et des haricots, mais pas celui des solanacées comme la tomate ou la pomme de terre.
- ✓ La plante peut se développer à même le sol ou être conduite sur des treillis.

INSECTES ET MALADIES

La chrysomèle rayée du concombre. Ce petit coléoptère allongé s'attaque aux feuilles, aux tiges, aux racines et, surtout, aux fleurs des cucurbitacées. Pour s'en protéger, la meilleure solution consiste à couvrir les plantes ou les semis au printemps avec une couverture flottante (voile anti-insectes). En complément, faites une rotation des cultures : semez ou repiquez dans un lieu où les cucurbitacées n'étaient pas présentes l'année précédente.

Le mildiou. Ce pseudo-champignon infecte surtout les feuilles, qui jaunissent progressivement et se nécrosent. Le remède : le purin d'ortie, qui va renforcer les défenses naturelles des plantes et donc leur permettre de mieux résister.

La mosaïque du concombre. Ce virus est transmis notamment par les pucerons. Arrachez les plants malades dès les premiers signes (feuilles marron-jaunes, un peu « grillées ») et brûlez-les.

ET LA CULTURE EN POT ?

Prévoyez un grand contenant assez profond, car les racines du concombre ont besoin de place. Veillez à ce que le substrat soit bien riche et utilisez par exemple du terreau additionné de compost. L'arrosage doit être régulier et abondant.

RÉCOLTER LES CONCOMBRES

Les concombres se récoltent entre 3 et 4 mois après le semis, soit de juin à août selon la date du semis, la région et la météo. Utilisez un couteau aiguisé pour les couper à la tige.

Ils doivent être cueillis relativement jeunes pour éviter que les graines soient trop grosses. À ce stade, ils sont également plus croquants et plus juteux.

CONSERVER LES CONCOMBRES

Les concombres peuvent se conserver jusqu'à 1 semaine à température ambiante dans un endroit frais ou au réfrigérateur.

CUISINER LES CONCOMBRES

Le plus souvent, les concombres sont consommés crus, dans des salades, en bâtonnets pour l'apéritif, en soupe froide ou smoothie, etc. Mais il est également possible de les faire cuire.

L'ASTUCE ANTI-GASPI !

Mangez le concombre avec sa peau. Malgré sa mauvaise réputation, ce légume-fruit se digère facilement, surtout si on consomme aussi sa peau, riche en pepsine (une substance qui facilite la digestion).

LEURS ATOUTS NUTRITIONNELS

Composés à plus de 95 % d'eau, les concombres figurent parmi les légumes les moins caloriques. Ils constituent une bonne source de minéraux et d'oligo-éléments, en particulier de potassium, de phosphore et de calcium, ainsi que de vitamines, notamment du groupe B. Ils apportent aussi des antioxydants bénéfiques contre le vieillissement et pour la bonne santé des yeux, ainsi que des fibres bonnes pour le transit.

Tzatziki

Pour *4 personnes*
Temps de préparation : *10 minutes*
Temps de repos : *1 h 15*

ÉTÉ

Ingrédients

2 concombres
2 gousses d'ail
Quelques brins de menthe
300 g de yaourt grec
1 cuillerée à soupe d'huile d'olive
1 cuillerée à soupe de jus de citron
Sel, poivre

Préparation

1. Rincez les concombres. Si besoin, retirez les graines les plus grosses, puis râpez-les (avec la peau). Versez dans une passoire, saupoudrez de sel, mélangez et laissez dégorger au moins 15 minutes.
2. Pendant ce temps, pelez et pressez l'ail. Rincez et ciselez la menthe.
3. Dans un saladier, mélangez le yaourt, l'huile d'olive, le jus de citron et l'ail pressé. Salez légèrement et poivrez.
4. Pressez les concombres entre les mains pour éliminer l'excès d'eau, puis ajoutez-les dans le saladier. Ajoutez la menthe ciselée et mélangez. Réservez au moins 1 heure au frais.

L'ASTUCE EN +

Vous pouvez présenter le tzatziki comme sauce pour tremper des bâtonnets de légumes, le tartiner sur des toasts ou le proposer dans des verrines.

Petits roulés de concombre au saumon et chèvre frais

Pour *4 personnes* - Temps de préparation : *20 minutes*

Ingrédients

2 concombres
1 petite échalote
Quelques brins de ciboulette
300 g de fromage de chèvre frais
1 cuillerée à soupe d'huile d'olive
1 cuillerée à café de piment doux moulu
4 belles tranches de saumon fumé
Sel, poivre

Préparation

1. Rincez les concombres et détaillez-les en 8 longs rubans à l'aide d'une mandoline.
2. Pelez et hachez très finement l'échalote. Rincez et ciselez la ciboulette.
3. Dans un bol, mélangez le chèvre frais avec l'huile d'olive à l'aide d'une fourchette. Ajoutez l'échalote, la ciboulette et le piment. Salez légèrement et poivrez.
4. Coupez le saumon fumé en lamelles.
5. Tartinez les rubans de concombre de la préparation au fromage frais et répartissez les lamelles de saumon. Roulez-les et disposez-les debout dans une assiette. Réservez au frais jusqu'au moment de servir.

Taboulé au concombre

Pour *4 personnes* - Temps de préparation : *15 minutes*
Temps de cuisson : *5 minutes* - Temps de repos : *1 heure*

ÉTÉ

Ingrédients

200 g de semoule moyenne précuite
1 petit bouquet de menthe
1 petit bouquet de persil
1 petit bouquet de coriandre
1 concombre
Le jus de 1 citron
4 cuillerées à soupe d'huile d'olive
Sel, poivre

Préparation

1. Faites cuire la semoule selon les indications de l'emballage, puis laissez-la refroidir.
2. Rincez et ciselez finement les herbes.
3. Rincez le concombre, coupez-le en deux dans le sens de la longueur et épépinez-le, puis coupez sa chair en tout petits dés.
4. Égrenez la semoule à la fourchette, puis ajoutez le jus de citron et l'huile d'olive. Salez et poivrez. Ajoutez les herbes ciselées et les dés de concombre. Réservez au moins 1 heure au frais avant de servir.

LES COURGETTES

Nom latin : *Cucurbita pepo L.*
Famille botanique : *Cucurbitacées*
Type : *légume-fruit*

La courgette est originaire des Amériques. Des sélections successives ont abouti au XVIIIe siècle, en Italie, à la courgette que nous connaissons aujourd'hui. Bien qu'il s'agisse d'un fruit au sens botanique du terme (parce qu'elle contient les graines de la plante), la courgette est aujourd'hui préparée comme un légume. On distingue plusieurs types de courgettes selon leur mode de développement (coureuses ou non coureuses), leur forme (longues ou rondes) et leur couleur (vert foncé, vert clair, jaune, blanche, striée...). Il existe actuellement 380 variétés de courgettes.

Leur culture est facile.

SEMER ET CULTIVER LES COURGETTES

Le semis se fait en godets sous abri en climat tempéré **en mai, juin et juillet,** avec 3 ou 4 graines par godet. Ensuite, les plants les plus vigoureux sont mis en place en pleine terre **en mai** dès que le risque de gelées est passé.

Vous pouvez aussi mettre les graines directement en place **au mois de mai** après avoir préparé des trous espacés de 80 cm pour les variétés non coureuses. Remplissez-les avec un peu de compost, déposez 4 à 5 graines et recouvrez de 2 cm de terreau. Gardez ensuite 2 ou 3 plants par poquet.

Nombre de jours avant germination : 5 à 8 jours (selon la température).
Nombre de jours avant récolte : 50 à 90 jours après la plantation (selon la variété choisie).

LES BONS GESTES

- ✓ Les courgettes ont des besoins importants en azote. Si besoin, apportez un complément.
- ✓ En début de végétation, binez, désherbez et paillez.
- ✓ L'arrosage est nécessaire en cas de sécheresse.

INSECTES ET MALADIES

L'oïdium. C'est la principale maladie de la courgette. Pour limiter son apparition, réduisez l'arrosage pour éviter l'humidité.

Le puceron des racines, le puceron noir, les escargots et les limaces. Ce sont les ravageurs les plus fréquents. Contre les pucerons, utilisez un traitement au savon noir. Pour faire barrière aux escargots et aux limaces, déposez du marc de café et des coquilles d'œufs autour des plants.

ET LA CULTURE EN POT ?

Prévoyez un pot de très grandes dimensions (au moins 50 cm de profondeur et de côté) car les courgettes aiment avoir de la place. Utilisez un terreau assez riche et bien drainé, et optez pour un emplacement ensoleillé. Si vous choisissez une variété coureuse, prévoyez un treillis et attachez les plants au fur et à mesure afin de les aider à grimper.

RÉCOLTER LES COURGETTES

Une fois formées, les courgettes grossissent vite. Récoltez-les quand elles font entre 15 et 25 cm. Pour cela, séparez-les de la tige à l'aide d'un couteau. Au-delà de cette taille, elles passent rapidement au stade de courge : leur chair est moins tendre, leur peau plus épaisse et leurs graines plus nombreuses et plus grosses.

L'ASTUCE ANTI-GASPI !

Les fleurs de courgette sont comestibles. Elles apparaissent dès le printemps (avril-mai) et jusqu'en octobre. Récoltez les fleurs fraîches et ouvertes, de préférence le matin de bonne heure, en privilégiant les fleurs mâles et sans les cueillir toutes, afin de permettre à la plante de se reproduire. Notez que les fleurs mâles sont portées par une tige (alors que les femelles par une mini-courgette). Enlevez le pistil, qui peut avoir un goût amer, en tirant doucement dessus, puis rincez rapidement la fleur tête en bas, avant de la poser sur un papier absorbant. Vous pouvez ensuite les cuire à la poêle avec un peu d'ail et d'échalote, les farcir, les préparer en beignets…

CONSERVER LES COURGETTES

Les courgettes se conservent 1 semaine dans le bac à légumes du réfrigérateur.

Si vous voulez les conserver plus longtemps, il y a plusieurs manières de procéder :

- Vous pouvez les **congeler :** découpez-les en morceaux ou en rondelles, congelez-les à plat, puis placez-les dans des sachets de congélation. Vous pouvez également les congeler une fois cuites, en ratatouille, en purée, en velouté….
- Vous pouvez en **faire des conserves :** lavez-les, séchez-les, puis coupez-les en rondelles ou en morceaux. Mettez-les dans des bocaux, remplissez avec de l'eau, et mettez les bocaux fermés à bouillir pendant 1 h 30.
- Vous pouvez en **faire des pickles** ou utiliser le principe de la lactofermentation (voir encadré ci-après).

ZOOM SUR LA LACTOFERMENTATION

La lactofermentation est un mode de conservation par le sel. Le préfixe « lacto » fait référence à l'acide lactique (et non au lait) produit par les bactéries lactiques.

Ces bonnes bactéries créent un environnement idéal, qui évite le développement de bactéries indésirables. Ainsi, les légumes se conservent longtemps tout en prenant un goût légèrement acidulé.

En pratique, lavez les courgettes et coupez-les en tronçons. Rangez-les à la verticale dans des bocaux en les serrant bien les uns contre les autres. Ajoutez quelques gousses d'ail pelées et écrasées, des herbes aromatiques (thym, romarin…) et des épices (graines de coriandre, de poivre, baies roses…). Recouvrez de saumure (30 g de sel par litre d'eau), jusqu'à 2 cm du bord. Tassez bien les courgettes, puis fermez les bocaux hermétiquement et laissez fermenter 1 semaine à température ambiante, puis 1 semaine au frais. Ces courgettes sont à consommer dans les 2 semaines.

CUISINER LES COURGETTES

Les courgettes se prêtent à de très nombreuses recettes : poêlées, en ratatouille, en gratin, farcies, en galettes, en tagliatelles… Elles peuvent aussi être dégustées crues, en salade. Finement râpées, elles peuvent même entrer dans la composition de gâteaux : elles remplacent le beurre et apportent, ni vu ni connu, un moelleux incomparable !

LEURS ATOUTS NUTRITIONNELS

Légères car riches en eau, les courgettes sont une bonne source de minéraux et d'oligoéléments (potassium, phosphore, magnésium, calcium…) ainsi que de vitamines (principalement C et B). Elles apportent aussi des fibres douces et bien tolérées par les intestins, et sont donc bénéfiques pour le transit.

Salade de courgettes crues au parmesan et aux noisettes

Pour *4 personnes* **- Temps de préparation :** *15 minutes*

Ingrédients

1 échalote
50 g de parmesan
1 poignée de noisettes
Quelques feuilles de menthe
3 jeunes courgettes
2 cuillerées à soupe d'huile d'olive
Le jus de ½ citron
Sel, poivre

Préparation

1. Pelez et émincez finement l'échalote. Détaillez le parmesan en fins copeaux. Concassez les noisettes. Rincez et ciselez la menthe.
2. Rincez les courgettes et coupez-les en longs rubans à l'aide d'une mandoline.
3. Dans un saladier, mélangez l'huile d'olive et le jus du citron. Salez et poivrez.
4. Ajoutez les courgettes, le parmesan, l'échalote, les noisettes et la menthe. Mélangez et servez sans attendre.

Ratatouille au four de la maman de Jérôme

Pour *8 personnes* - Temps de préparation : *15 minutes*
Temps de cuisson : *2 h 30*

Ingrédients

3 courgettes
3 aubergines
3 poivrons
2 oignons blancs
4 à 5 cuillerées à soupe d'huile d'olive
10 tomates
3 cuillerées à soupe d'herbes de Provence
Sel, poivre

Préparation

1. Préchauffez le four à 190 °C (thermostat 6-7).
2. Rincez les courgettes, les aubergines et les poivrons et coupez-les en gros morceaux en retirant les parties blanches et les graines des poivrons. Pelez et émincez les oignons. Versez tous les légumes dans une lèchefrite bien creuse préalablement huilée (ou dans un très grand plat à four huilé).
3. Rincez les tomates, plongez-les 10 secondes dans une casserole d'eau bouillante, puis égouttez-les et pelez-les. Coupez-les en quartiers et ajoutez-les dans la lèchefrite ou dans le plat.
4. Salez, poivrez, versez l'huile et les herbes de Provence. Mélangez avec les mains.
5. Enfournez pour 2 h 30 environ en mélangeant régulièrement pour laisser échapper la vapeur rendue par les légumes. Ils doivent être confits.

Gâteau au chocolat et à la courgette

Pour *6 personnes* **- Temps de préparation :** *15 minutes*
Temps de cuisson : *20 à 25 minutes*

ÉTÉ

Ingrédients

1 courgette (375 g râpée)
300 g de chocolat à pâtisser
90 g de sucre en poudre
6 œufs
60 g de farine semi-complète
½ cuillerée à café de levure chimique
1 noisette de beurre pour le moule

Préparation

1. Préchauffez le four à 180 °C (thermostat 6).
2. Rincez la courgette et râpez-la.
3. Cassez le chocolat en morceaux et faites-le fondre au bain-marie, à la casserole avec un peu d'eau ou au four à micro-ondes (attention à ce qu'il ne cuise pas).
4. Dans un saladier, mélangez le sucre et les œufs afin d'obtenir une texture crémeuse. Ajoutez ensuite la farine et la levure, et mélangez.
5. Incorporez le chocolat fondu et les courgettes râpées. Mélangez à nouveau.
6. Versez la pâte dans un moule à gâteau beurré et enfournez pour 20 à 25 minutes. Vérifiez la cuisson avec la pointe d'un couteau : elle doit ressortir sèche.

LES HARICOTS VERTS

Nom latin : *Phaseolus vulgaris L.*
Famille botanique : Fabacées
Type : *légume-gousse*

Originaire d'Amérique du Sud, le haricot vert a été rapporté en Europe par Christophe Colomb. La variété que l'on consomme aujourd'hui a été domestiquée dans les Andes il y a plus de 9 000 ans. C'est un cousin du petit pois, à la différence près qu'il a besoin de chaleur pour s'épanouir.

SEMER ET CULTIVER LES HARICOTS VERTS

Le semis se fait en pleine terre **à partir du mois de mai et jusqu'à mi-juillet,** quand les gelées ne sont plus à craindre et que la terre à atteint au moins 15 °C. Il se fait en poquets : déposez 5 à 6 graines dans chaque trou tous les 30 cm, à 3 à 4 cm de profondeur minimum. Prévoyez un écartement entre les lignes de 60 cm environ.

Nombre de jours avant germination : 7 à 15 jours (selon la température).
Nombre de jours avant récolte : 45 à 60 jours (selon la variété choisie).

LES BONS GESTES

- ✓ Aucun apport d'engrais n'est nécessaire.
- ✓ Le désherbage est nécessaire pour garder la culture propre.
- ✓ L'arrosage est indispensable au pied, surtout en cas de forte chaleur.

INSECTES ET MALADIES

Le puceron. Ce petit insecte verdâtre de 3 mm de long s'attaque aux feuilles et aux tiges de la plante. Pour les tenir éloignés de vos cultures, vous pouvez miser sur le marc de café ou un traitement au savon noir.

La rouille. Cette maladie des feuilles (qui se manifeste par des sortes de petits boutons) peut être évitée en arrosant au pied des plants.

ET LA CULTURE EN POT ?

Optez pour une variété de haricots nains, qui conviendra mieux dans des espaces restreints. Prévoyez un pot d'une profondeur de 30 cm minimum et optez pour un substrat léger et drainant, que vous enrichirez régulièrement de compost. Installez vos plantations dans un endroit ensoleillé et arrosez très régulièrement, afin que le substrat reste humide. Vous pouvez aussi pailler sa surface.

RÉCOLTER LES HARICOTS VERTS

Les haricots verts doivent être récoltés très régulièrement, tous les 2 à 3 jours. Cassez la gousse au niveau du pédoncule. Plus vous récoltez, plus vous stimulez la floraison et plus vous aurez de haricots ! Si vous les récoltez trop tard, ils seront filandreux.

CONSERVER LES HARICOTS VERTS

Les haricots verts frais sont à consommer le plus vite possible. Ils se conservent 2 à 3 jours dans un lieu frais et aéré.

Vous pouvez aussi les congeler ou les conserver en bocaux.

- **Pour les congeler,** lavez-les et équeutez-les, puis faites-les blanchir 5 minutes dans de l'eau bouillante avant de les refroidir sous l'eau froide. Mettez-les en sachets et conservez-les au congélateur.
- **Pour réaliser des bocaux :** lavez-les et équeutez-les, puis faites-les blanchir 5 minutes dans de l'eau bouillante avant de les refroidir sous l'eau froide. Rangez-les verticalement dans des bocaux, couvrez d'eau bouillante salée (environ 20 g de sel par litre d'eau) et stérilisez-les. Placez les bocaux dans un grand récipient rempli d'eau et faites bouillir pendant 1 heure.

CUISINER LES HARICOTS VERTS

Les haricots verts se consomment uniquement cuits, chauds ou froids. Plusieurs modes de cuisson sont possibles, notamment à la vapeur ou à l'eau bouillante. Comptez 6 à 12 minutes environ, en fonction de vos goûts (pour des haricots plus ou moins croquants ou fondants).

LEURS ATOUTS NUTRITIONNELS

Pauvres en calories, les haricots verts sont une bonne source de fibres. Ils apportent également des minéraux (notamment du potassium), des vitamines (en particulier une bonne dose de vitamine B9, essentielle pendant la grossesse notamment) ainsi que de nombreux antioxydants.

Salade de haricots verts à la niçoise

Pour *4 personnes* - Temps de préparation : *15 minutes*
Temps de cuisson : *20 minutes*

Ingrédients

400 g de haricots verts
4 œufs
2 tomates
1 oignon blanc
12 filets d'anchois
12 olives noires

Pour la vinaigrette

3 cuillerées à soupe d'huile d'olive
2 cuillerées à soupe de vinaigre balsamique blanc
Sel, poivre

Préparation

1. Rincez et équeutez les haricots verts. Faites-les cuire 9 à 10 minutes dans un grand volume d'eau bouillante salée. Puis égouttez-les.
2. Faites cuire les œufs 10 minutes dans une casserole d'eau bouillante, afin qu'ils soient durs.
3. Pendant ce temps, rincez les tomates et coupez-les en quartiers. Pelez et émincez finement l'oignon.
4. Dans un saladier, préparez la vinaigrette en mélangeant l'huile d'olive et le vinaigre. Salez légèrement et poivrez. Ajoutez les haricots verts encore tièdes, les quartiers de tomates, l'oignon, les anchois et les olives noires.
5. Écalez les œufs et coupez-les en quatre. Disposez-les sur la salade et servez sans attendre.

Poêlée de légumes et saucisses à la paysanne

Pour *4 personnes* - Temps de préparation : *15 minutes*
Temps de cuisson : *55 minutes*

ÉTÉ

Ingrédients

4 pommes de terre de taille moyenne
400 g de haricots verts
2 saucisses de Montbéliard
2 oignons blancs
1 échalote
2 gousses d'ail
2cuillerées à soupe d'huile d'olive
Quelques brins de persil plat
Sel, poivre

Préparation

1. Épluchez les pommes de terre et faites-les cuire 20 minutes dans une casserole d'eau bouillante. Une fois qu'elles sont cuites, coupez-les en quatre.
2. Rincez et équeutez les haricots verts. Faites-les cuire 9 à 10 minutes dans un grand volume d'eau bouillante salée. Puis égouttez-les.
3. Plongez les saucisses 10 minutes dans une casserole d'eau frémissante. Quand elles sont cuites, découpez-les en grosses rondelles.
4. Pelez et hachez les oignons, l'échalote et l'ail.
5. Faites chauffer l'huile d'olive dans une sauteuse. Ajoutez les oignons, l'échalote et l'ail, et laissez revenir 5 minutes à feu doux. Ajoutez les quartiers de pommes de terre et faites-les dorer 5 minutes de tous les côtés. Ajoutez ensuite les rondelles de saucisse et les haricots verts. Salez légèrement et poivrez. Laissez chauffer encore 5 minutes. Avant de servir, parsemez de persil ciselé.

LES POIVRONS

Nom latin : *Capsicum annuum L.*
Famille botanique : *Solanacées*
Type : *légume-fruit*

Cette plante originaire d'Amérique centrale et du Sud a été importée en Espagne à la fin du XVe siècle. Son nom dérive du mot « poivre ». C'est une espèce très polymorphe : les variétés cultivées sont innombrables. Les poivrons se distinguent des piments par leur taille (les fruits sont plus gros et plus charnus) et leur goût, qui n'est pas piquant. Ce légume est assez facile à cultiver, à condition de lui fournir suffisamment de chaleur et de soleil !

SEMER ET CULTIVER LES POIVRONS

La culture du poivron ressemble à celle de la tomate, mais son semis est plus délicat à réussir car il lui faut de la chaleur (environ 28 °C), ce qui nécessite par exemple une mini-serre et du chauffage. Son développement étant assez lent, semez **en mars** pour pouvoir repiquer juste **avant l'été (fin mai-début juin)**, lorsque le sol est bien réchauffé. Espacez les plants d'au moins 50 cm.

Nombre de jours avant germination : 7 à 12 jours sous abri (selon la température).
Nombre de semaines avant récolte : 20 à 24 semaines (selon la variété choisie).

LES BONS GESTES

- ✓ Le poivron est gourmand en eau : il faut l'arroser régulièrement et veiller à ce que le sol ne sèche jamais complètement. Paillez au pied du plant, afin de diminuer les apports d'eau, et ajoutez un peu de compost avant plantation.
- ✓ Quand le pied porte une dizaine de fruits, taillez l'extrémité des tiges. Ainsi, les poivrons seront plus gros et mûriront plus facilement.
- ✓ Les poivrons et les piments aiment rester ensemble et apprécient la compagnie des fleurs qui amènent des insectes pollinisateurs. Entre les plants, vous pouvez intercaler des pieds de soucis comestibles (*Calendula officinalis L.*).

INSECTES ET MALADIES

Le mildiou. Cette maladie se caractérise par l'apparition de taches blanches et poudreuses sur les feuilles. Pour le prévenir, utilisez de la bouillie bordelaise.

Les pucerons et autres insectes. En prévention, vaporisez du savon noir. En cas d'attaque, misez sur le purin d'ortie.

ET LA CULTURE EN POT ?

Le poivron aimant la chaleur, réservez-lui un emplacement très ensoleillé, à l'abri des courants d'air. Le pot doit être profond (60 cm) et la terre riche (n'hésitez pas à ajouter du compost). L'arrosage doit être régulier, surtout au sud de la Loire. Paillez les pieds pour maintenir l'humidité et la fraîcheur.

RÉCOLTER LES POIVRONS

Les poivrons se récoltent 3 à 4 mois après le repiquage. Utilisez un sécateur ou un couteau pour couper la tige.

Les premiers poivrons sont verts et on peut les cueillir lorsqu'ils ne grossissent plus. Si vous attendez un peu plus longtemps, ils prendront de la couleur selon la variété choisie (rouge, violet...).

CONSERVER LES POIVRONS

Les poivrons se conservent de préférence à température ambiante, dans un endroit frais et sec, environ 1 semaine.

Si vous souhaitez les conserver plus longtemps, vous pouvez les congeler. Lavez-les et coupez-les en lamelles ou en dés, puis blanchissez-les 1 minute dans l'eau bouillante. Une fois refroidis, mettez-les dans une boîte ou un sachet et entreposez-les au congélateur.

CUISINER LES POIVRONS

Les poivrons peuvent être consommés crus ou cuits. Vous pouvez les cuire à la poêle, à la vapeur, au four… Ils entrent aussi dans la composition de nombreux plats : ratatouille, pizzas, quiches, poêlées de légumes…

L'ASTUCE EN +

La peau des poivrons est parfois difficile à digérer. Pour éviter ce problème, vous pouvez les éplucher. Pour cela, il existe plusieurs techniques. Vous pouvez par exemple les placer entiers sous le gril du four en les retournant régulièrement. Une fois la peau noircie de tous les côtés, mettez le poivron dans un sac plastique, fermez-le et laissez refroidir 30 minutes environ. Vous n'aurez plus, ensuite, qu'à enlever la peau en tirant dessus.

LEURS ATOUTS NUTRITIONNELS

Les poivrons sont une excellente source de vitamine C, surtout consommés crus (et surtout les rouges). Cette vitamine joue un rôle antioxydant (prévention de nombreuses maladies liées au vieillissement) et elle est également excellente pour l'immunité. Ils contiennent aussi d'autres antioxydants importants, notamment du bêta-carotène et du lycopène. Ils apportent aussi des fibres, idéales pour stimuler le transit, ainsi que des minéraux et des oligo-éléments.

Salade de poivrons grillés

Pour *4 personnes* - Temps de préparation : *15 minutes*
Temps de cuisson : *30 minutes* - Temps de repos : *1 h 30*

Ingrédients

4 poivrons rouges, verts ou jaunes
4 tomates
2 oignons blancs

Pour la sauce
Le jus de 1 citron
3 cuillerées à soupe d'huile d'olive
½ cuillerée à café de cumin moulu
Sel, poivre

Préparation

1. Préchauffez le four à 200 °C (thermostat 6-7).
2. Rincez les poivrons et ouvrez-les en deux dans le sens de la longueur. Ôtez leur pédoncule, les côtes blanches et les graines. Déposez-les sur une plaque de cuisson, côté bombé vers le haut. Enfournez pour 30 minutes environ dans le haut du four en surveillant la cuisson. Une fois les poivrons grillés, mettez-les dans un sac plastique et laissez-les refroidir au moins 30 minutes.
3. Pendant ce temps, lavez les tomates et coupez-les en dés. Pelez et émincez les oignons.
4. Dans un saladier, mélangez le jus de citron avec l'huile d'olive. Ajoutez le cumin. Salez et poivrez.
5. Une fois les poivrons refroidis, pelez-les en tirant sur leur peau. Coupez-les en morceaux. Versez-les dans le saladier.
6. Ajoutez les dés de tomates et les oignons émincés, puis mélangez. Réservez 1 heure au frais avant de servir.

Poivrons farcis à la viande

Pour *4 personnes* - Temps de préparation : *20 minutes*
Temps de cuisson : *1 heure*

Ingrédients

3 tranches de pain de mie
200 ml de lait
2 oignons
2 gousses d'ail
Quelques brins de persil
Quelques brins de thym
250 g de chair à saucisse
250 g de viande de bœuf hachée
1 œuf
4 poivrons
2 cuillerées à soupe d'huile d'olive
Sel, poivre

Préparation

1. Préchauffez le four à 180 °C (thermostat 6).
2. Dans un bol, mettez à tremper le pain de mie dans le lait.
3. Pendant ce temps, pelez et hachez finement les oignons et l'ail. Rincez et ciselez le persil. Effeuillez le thym.
4. Dans un saladier, mélangez avec les mains la chair à saucisse, la viande de bœuf hachée, l'oignon, l'ail, le persil, le thym, l'œuf et le pain de mie préalablement pressé entre les mains pour éliminer l'excès de lait. Salez et poivrez.
5. Rincez les poivrons et coupez-leur des chapeaux. Évidez-les à l'aide d'une cuillère à soupe sans transpercer la peau.
6. Farcissez les poivrons avec la préparation à la viande. Déposez-les dans un plat et arrosez-les d'huile d'olive. Enfournez pour 1 heure. Servez chaud.

LES COURGES

Nom latin : *Cucurbita maxima D.*
Famille botanique : *Cucurbitacées*
Type : *légume-fruit*

Les courges comptent près de 800 espèces différentes ! Les plus connues sont le potiron, le potimarron, la courge musquée, le butternut, la courge spaghetti... Leur culture est facile et productive.

SEMER ET CULTIVER LES COURGES

Les courges sont à semer **à partir du début du printemps,** après les derniers gels d'hiver. Dans les zones à gel tardif, semez en godet, puis repiquez les plants en place après les saints de glace (11–13 mai).

Espacez les plants de 1 m en tous sens pour les variétés non coureuses. Pour les variétés coureuses, repiquez tous les 1,20 m avec 2 m entre les rangs.

Nombre de jours avant germination : 5 à 8 jours (selon la température).
Nombre de mois avant récolte : 3 à 4 mois (selon la variété choisie).

LES BONS GESTES

✓ Paillez le sol autour des plants avec des tontes de pelouse... Cela permet de limiter l'évaporation et donc de conserver l'humidité, et fournit une couche sèche aux courges poussant à même le sol.

INSECTES ET MALADIES

L'oïdium. Cette maladie est provoquée par des champignons. Pour l'éviter, veillez à ne pas trop arroser le sol et surtout les feuilles, et privilégiez l'arrosage au goutte-à-goutte. Notez que les feuilles de la courge musquée sont naturellement marbrées de blanc (il est possible de le confondre avec l'oïdium).

La punaise des citrouilles ou corée marginée. Cet insecte, de couleur brun-rouille, est très commun, et provoque d'importants dommages aux cultures. Le feuillage fane et noircit, jusqu'à la mort de la plante. Pour l'éviter, vous pouvez planter à proximité des plantes répulsives comme la menthe, l'herbe à chat ou des œillets d'Inde.

ET LA CULTURE EN POT ?

En raison de la taille des fruits, la culture en pot n'est pas adaptée.

RÉCOLTER LES COURGES

La récolte des courges s'effectue 3 à 5 mois après le semis, en septembre-octobre, en fonction des conditions de culture et des variétés. Les courges sont prêtes quand les feuilles commencent à jaunir et à s'affaisser et qu'elles sont sur le point de se détacher. Dans tous les cas, veillez à les récolter avant les premières gelées. Coupez le pédoncule à l'aide d'un sécateur.

L'ASTUCE EN +

Veillez à ce que le pédoncule soit bien sec : c'est la garantie d'avoir une courge bien mûre, qui se conserve bien.

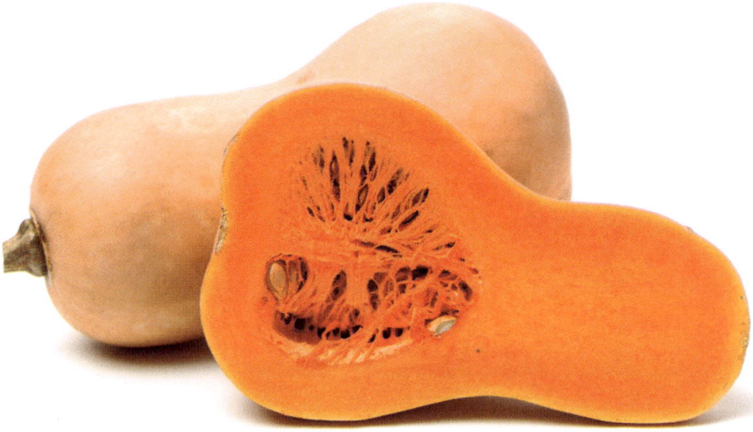

CONSERVER LES COURGES

Les courges peuvent se conserver très longtemps, de quelques semaines à plusieurs mois, en fonction des variétés. Brossez les courges, puis entreposez-les dans un endroit chaud (15 à 20 °C) et sec, par exemple dans la maison. Veillez à ce qu'elles ne se touchent pas.

CUISINER LES COURGES

Les courges se consomment principalement cuites, en soupe, gratin, crumble, quiche… et aussi bien en version salée que sucrée. Certaines, comme le potimarron, peuvent être consommées avec la peau.

L'ASTUCE ANTI-GASPI !

Les graines de courge sont comestibles, elles sont même excellentes pour la santé car elles contiennent des protéines, des fibres et de bonnes graisses. Nettoyez-les soigneusement, puis faites-les griller à la poêle ou au four pendant une dizaine de minutes. Vous pouvez ensuite les ajouter dans une salade ou bien les mélanger avec quelques épices et les proposer à l'apéritif.

LEURS ATOUTS NUTRITIONNELS

Les courges sont riches en antioxydants, en particulier en lutéine et en zéaxanthine, deux composants essentiels pour la bonne santé des yeux. Elles constituent également une bonne source de provitamine A ou bêta-carotène, qui joue un rôle important dans la santé de la peau et des muqueuses, la croissance, le système immunitaire… Elles apportent par ailleurs des vitamines C et B, ainsi que du potassium, du magnésium et du manganèse.

Velouté de potiron au roquefort et aux noix

Pour *4 personnes* **- Temps de préparation :** *15 minutes*
Temps de cuisson : *35 minutes*

Ingrédients

600 g de potiron
2 pommes de terre
1 oignon
1 cuillerée à soupe d'huile d'olive
1 cube de bouillon de légumes
80 g de roquefort
Quelques noix
1 cuillerée à soupe d'huile de noix
Sel, poivre

Préparation

1. Épépinez et épluchez le potiron, coupez-le en gros dés. Épluchez les pommes de terre et coupez-les en morceaux. Pelez et hachez l'oignon.
2. Faites chauffer l'huile d'olive dans une cocotte. Ajoutez l'oignon et laissez-le fondre 5 minutes à feu doux. Ajoutez les dés de potiron et les morceaux de pommes de terre, puis faites-les revenir 5 minutes, toujours à feu doux.
3. Couvrez d'eau à hauteur et ajoutez le cube de bouillon de légumes. Salez et poivrez. Laissez cuire 25 minutes.
4. Pendant ce temps, coupez le roquefort en morceaux. Concassez grossièrement les noix.
5. Une fois que les légumes sont cuits, mixez-les avec une partie ou la totalité du bouillon jusqu'à obtention d'une consistance homogène. Si nécessaire, réchauffez le velouté.
6. Répartissez le velouté dans quatre bols, et versez sur chacun quelques gouttes d'huile de noix (attention, cette huile est forte en goût). Parsemez de roquefort et de noix. Servez sans attendre.

Courgiflette

Pour ***4 personnes*** **- Temps de préparation :** ***15 minutes***
Temps de cuisson : ***1 h 10***

Ingrédients

1 courge butternut (ou 2, en fonction de la taille)
2 cuillerées à soupe d'huile d'olive
2 oignons
1 gousse d'ail
200 g de lard fumé
½ reblochon (250 g)
Sel, poivre

Préparation

1. Préchauffez le four à 180 °C (thermostat 6).
2. Coupez la courge butternut en deux dans le sens de la longueur. Retirez les graines à l'aide d'une cuillère à soupe. Déposez les deux moitiés de courge dans un plat, côté chair vers le haut, salez et poivrez. Arrosez avec 1 cuillerée à soupe d'huile d'olive et enfournez pour 40 minutes.
3. Pelez et émincez les oignons et l'ail. Coupez le lard fumé en lamelles.
4. Versez l'huile d'olive restante dans une sauteuse. Ajoutez les oignons et l'ail, et faites fondre 5 minutes à feu doux en mélangeant régulièrement. Ajoutez le lard et poursuivez la cuisson 10 minutes.
5. Coupez le reblochon en lamelles de 1,5 cm d'épaisseur environ.
6. Garnissez les demi-butternuts avec la préparation oignons-lardons. Déposez par-dessus les lamelles de reblochon, enfournez pour 15 minutes à 180 °C. Servez bien chaud.

Tarte sucrée à la citrouille

Pour *6 personnes* - Temps de préparation : *15 minutes*
Temps de cuisson : *50 minutes*

Ingrédients

Pour la pâte brisée
300 g de farine
½ cuillerée à café de sel
1 cuillerée à soupe de sucre en poudre
150 g de beurre mou
80 ml de lait

Pour la garniture
500 g de chair de courge
100 g de sucre roux
1 cuillerée à soupe de fécule de maïs
1,5 cuillerée à café de cannelle moulue
1,5 cuillerée à café de gingembre moulue
1 pincée de sel
3 œufs
250 ml de lait

Pour la crème fouettée
150 ml de crème liquide entière (à 30 % de MG minimum) bien froide
20 g de sucre glace

AUTOMNE

Préparation

1. Placez un saladier et les fouets du batteur au congélateur (ils serviront à préparer la crème fouettée).
2. Coupez la courge en morceaux et faites-la cuire 15 minutes à la vapeur.
3. Préparez la pâte brisée. Versez la farine, le sel et le sucre dans un saladier. Ajoutez le beurre mou en morceaux et incorporez-le rapidement en pétrissant la pâte du bout des doigts, de manière à obtenir une semoule grossière. Ajoutez ensuite le lait petit à petit et pétrissez pour que la pâte soit homogène et lisse. Étalez la pâte sur un papier sulfurisé à l'aide d'un rouleau à pâtisserie, puis garnissez-en un moule à tarte. Réservez au frais.
4. Préchauffez le four à 180 °C (thermostat 6).

5. Préparez la garniture. Écrasez les morceaux de courge cuits en purée à l'aide d'une fourchette. Dans un saladier, mélangez le sucre roux, la fécule, les épices et le sel. Ajoutez la purée de courge.
6. Dans un bol, battez les œufs avec le lait et mélangez-les à la préparation précédente. Versez la préparation sur la pâte et enfournez pour 35 minutes. Sortez la tarte du four et laissez-la refroidir.
7. Juste avant de servir, préparez la crème fouettée. Versez la crème bien froide dans le saladier sorti du congélateur. Fouettez-la vigoureusement en ajoutant progressivement le sucre glace jusqu'à ce que la texture soit bien ferme et fasse des pics.
8. Découpez la tarte refroidie en parts et déposez sur chacune une belle cuillerée de crème fouettée.

L'ASTUCE EN +

Pour réussir la crème fouettée, tous les éléments doivent être bien froids : la crème bien sûr, mais aussi le saladier et les fouets du batteur. N'hésitez pas à les mettre au congélateur 1 heure au moins avant de la préparer.

LES POMMES DE TERRE

Nom latin : *Solanum tuberosum L.*
Famille botanique : *Solanacées*
Type : *légume-tubercule*

Les origines de la pomme de terre remontent à environ 8 000 ans : elle poussait à l'état sauvage sur les hauts plateaux de la cordillère des Andes. Elle était l'un des aliments de base des Incas, qui l'appelaient *papa*. Arrivée en Europe avec les conquistadors, elle a été popularisée au XVIIIe siècle, fournissant un aliment bon marché et rassasiant aux ouvriers. Facile à cultiver, elle permet un bon rendement. Il en existe aujourd'hui de très nombreuses variétés.

SEMER ET CULTIVER LES POMMES DE TERRE

Pour gagner du temps, la culture se fait à partir de pommes de terre germées (ou bulbes). Vous pouvez acheter des plants prégermés ou faire germer vous-même vos tubercules **à partir de janvier** dans un lieu aéré, frais, sec et lumineux. L'astuce : les mettre dans des boîtes à œufs, les yeux vers le haut (les yeux sont des petits points sur la peau de la pomme de terre, ils dissimulent les bourgeons).

La plantation des bulbes se fait en pleine terre **à partir d'avril**, en ligne. Prévoyez un tubercule tous les 25 cm à environ 10 cm de profondeur, avec un écartement entre les lignes de 70 cm environ.

Nombre de semaines avant germination : 4 à 6 semaines.
Nombre de jours avant récolte : de 65 à 90 jours et plus (selon la variété choisie).
Il existe trois grandes familles de pommes de terre : les précoces (environ 65 jours à maturité), les normales (environ 80 jours) et les tardives (90 jours et plus).

LES BONS GESTES

- ✓ 2 à 3 mois avant la plantation, prévoyez un apport de compost. Avant le buttage (voir encadré ci-après), faites un apport d'engrais complet.
- ✓ Le buttage est nécessaire, et il se fait en deux fois pendant la saison végétative : 1 semaine après que les feuilles sont sorties du sol, puis une deuxième fois 15 à 20 jours plus tard. Procédez ensuite à un paillage afin d'éviter la repousse de mauvaises herbes et de garder le sol frais.
- ✓ Un arrosage régulier est nécessaire, mais attention, pas sur les feuilles : arrosez toujours au pied des plants afin d'éviter le mildiou.

ZOOM SUR LE BUTTAGE

Cette opération consiste à ramener la terre autour du plant au fur et à mesure qu'il pousse, sur une dizaine de centimètres de hauteur. Elle permet notamment d'abriter les pommes de terre de la lumière (qui les fait verdir) et d'éliminer les mauvaises herbes. Vous pouvez pour cela utiliser une binette, un buttoir ou un râteau. Attention à ne pas aller trop en profondeur afin de ne pas arracher des racines.

INSECTES ET MALADIES

Le doryphore. Cet insecte ravageur s'en prend presque exclusivement aux plantes potagères de la famille des solanacées. Pour prévenir son attaque, pratiquez la rotation des cultures, afin d'éviter qu'il s'installe. Évitez ainsi de planter 2 années de suite des solanacées sur la même parcelle. Associez la pomme de terre avec des cultures qui les éloignent, comme l'ail, le chanvre, le lin et le ricin. Favorisez aussi l'installation des coccinelles, qui raffolent des larves de doryphore, en plantant des capucines, du fenouil et des fèves.

Le mildiou. Cette maladie due à un pseudo-champignon provoque l'apparition de taches brunes sur les feuilles. Elles se répandent sur tout le feuillage et sur les pommes de terre. Pour l'éviter, attention de ne pas arroser les feuilles, préférez l'arrosage au pied du plant.

ET LA CULTURE EN POT ?

La culture des pommes de terre en pot est possible, à condition de disposer d'un emplacement ensoleillé. Prévoyez 5 litres de terre par tubercule planté (dans un pot de 40 cm de côté environ, vous pourrez en répartir trois). Utilisez une terre enrichie en compost ou un terreau spécial potager. Le buttage est également indispensable en pot : ajoutez du terreau enrichi et laissez dépasser 5 cm de feuillage. Arrosez régulièrement en juin et juillet en prenant soin de ne pas mouiller le feuillage. Pour récolter vos pommes de terre, renversez le pot et laissez sécher les tubercules au soleil.

RÉCOLTER LES POMMES DE TERRE

Les pommes de terre sont prêtes à être récoltées quand les feuilles commencent à sécher. Pour cela, utilisez une fourche, que vous ferez passer sous le plant.

CONSERVER LES POMMES DE TERRE

Les pommes de terre précoces se consomment sans attendre. Les pommes de terre tardives, récoltées à l'automne, se conservent dans un endroit frais et sombre pendant plusieurs mois.

CUISINER LES POMMES DE TERRE

Les pommes de terre se consomment exclusivement cuites. De nombreux modes de cuisson sont possibles : à l'eau, à la vapeur, à la poêle, au four, au barbecue, en salade...

L'ASTUCE ANTI-GASPI !

Les pommes de terre peuvent sans problème être consommées avec la peau. C'est même conseillé, car celle-ci concentre une grande partie de leurs précieux nutriments.

LEURS ATOUTS NUTRITIONNELS

Les pommes de terre sont nourrissantes, car elles sont riches en glucides, mais aussi en protéines et en fibres. Elles constituent également une bonne source d'antioxydants, surtout si vous choisissez des pommes de terre colorées. Elles apportent par ailleurs du potassium, des vitamines C et B6 et du fer. Les pommes de terre ont souvent mauvaise presse en raison de leur richesse en amidon (glucides), qui fait monter le taux de sucre dans le sang (d'où un index glycémique élevé). Mais il existe des astuces pour le diminuer. L'une d'elles consiste à les faire cuire, puis à les laisser refroidir et à les consommer en salade. Ainsi, vous profiterez de leur teneur en amidon résistant, une fibre qui vient nourrir les bonnes bactéries de votre intestin.

Gratin dauphinois de la maman de Jérôme

Pour *8 personnes* - Temps de préparation : *15 minutes*
Temps de cuisson : *1 h 10*

Ingrédients

1,2 kg de pommes de terre
1 litre de lait entier
1 noix de beurre pour le plat
Gruyère râpé selon vos goûts
Noix de muscade moulue selon vos goûts
200 ml de crème liquide entière

Préparation

1. Épluchez les pommes de terre, rincez-les et coupez-les en fines rondelles (ne les repassez pas sous l'eau afin de conserver l'amidon).
2. Versez le lait dans une casserole et portez-le à ébullition. Plongez les pommes de terre et laissez bouillir 10 minutes environ à feu doux (les pommes de terre doivent être mi-cuites).
3. Préchauffez le four à 180 °C (thermostat 6).
4. À l'aide d'une écumoire, prélevez la moitié des tranches de pommes de terre et disposez-les dans un plat à gratin beurré. Parsemez de 1 poignée de gruyère râpé et de muscade, selon vos goûts. Répartissez la moitié de la crème liquide. Renouvelez l'opération avec le reste des pommes de terre et de crème. Si besoin, ajoutez du lait de cuisson des pommes de terre afin qu'elles soient toutes bien immergées.
5. Saupoudrez de 1 poignée de gruyère râpé et enfournez pour 1 heure environ.

Salade de pommes grenaille aux herbes

Pour *4 personnes* - Temps de préparation : *15 minutes*
Temps de cuisson : *20 minutes*

Ingrédients

1 kg de pommes de terre grenaille
1 oignon
½ bouquet de ciboulette
½ bouquet de persil plat

Pour la vinaigrette
1 cuillerée à soupe de moutarde
2 cuillerées à soupe de vinaigre de cidre
3 cuillerées à soupe d'huile d'olive
Sel, poivre

Préparation

1. Lavez et brossez les pommes de terre, coupez-les en deux dans le sens de la longueur et faites-les cuire 20 minutes à la vapeur. Vérifiez la cuisson : elles doivent être tendres. Laissez-les refroidir.
2. Pelez l'oignon et détaillez-le en fines lamelles. Rincez et ciselez les herbes.
3. Dans un saladier, mélangez la moutarde, le vinaigre et l'huile. Salez légèrement et poivrez. Ajoutez les pommes de terre et l'oignon. Parsemez d'herbes ciselées. Mélangez et servez.

LES CHOUX-FLEURS

Nom latin : *Brassica oleracea L. var. botrytis*
Famille botanique : *Brassicacées*
Type : *légume-fleur*

Le chou-fleur est une variété de chou. C'est le plus digeste des crucifères. En France, il est classiquement blanc, mais il en existe d'autres couleurs : orange, vert, violet... Apprécié dans les empires grec et romain, il conquiert les tables françaises sous Louis XIV, grâce au créateur du Potager du roi, à Versailles.

SEMER ET CULTIVER LES CHOUX-FLEURS

Les semis de choux-fleurs se préparent **au printemps (fin mai, début juin)** et la mise en place des plants se fait **en juillet.** Installez les plants tous les 60 cm.

Nombre de semaines avant germination : 2 semaines (selon la température).
Nombre de mois avant récolte : entre 4 et 8 mois (selon la variété choisie, tardive ou hâtive).

LES BONS GESTES

- ✓ Le chou-fleur est très gourmand en eau et ne supporte pas la sécheresse. Pour conserver l'humidité, aménagez une cuvette autour du plant.
- ✓ Comme il aime le soleil, mais pas la sécheresse, installez-le de préférence à la mi-ombre, surtout dans le Sud.
- ✓ N'hésitez pas à enrichir la terre avec un bon apport de compost.

INSECTES ET MALADIES

L'altise (petit coléoptère sauteur qui fait des trous dans les feuilles), **la mouche des légumes** (dont les asticots mangent les racines et le collet des jeunes plants) et **la piéride du chou** (dont les chenilles rongent les feuilles) sont leurs principaux ennemis. Les purins de tomate et d'ortie ont une action préventive : faites-en des pulvérisations sur le feuillage tous les 15 jours dès la plantation.

Contre les altises, vous pouvez associer les choux-fleurs avec des œillets d'Inde, des salades et des chicorées. Contre la mouche des légumes et la piéride, plantez à proximité des tomates, des céleris, de l'aneth, de la marjolaine, de la menthe ou de l'origan. D'autres aromatiques sont également efficaces contre la piéride (hysope, sauge, thym). Pensez aussi aux cosmos.

Les pucerons (vert et cendré). Leurs attaques sont facilement repérables : les feuilles s'enroulent et se décolorent. Pour les éliminer, misez sur un traitement au savon noir.

ET LA CULTURE EN POT ?

Ce mode de culture n'est pas adapté au chou-fleur.

RÉCOLTER LES CHOUX-FLEURS

Les choux-fleurs se récoltent à partir du mois d'octobre suivant les variétés et la localisation de la culture, avec une récolte possible en automne si les semis sont faits fin mai dans une pépinière ombragée. Coupez-les sous la tête à l'aide d'un couteau. La tête doit être bien compacte et ne doit pas avoir pris une teinte rosée. Conservez quelques feuilles, que vous rabattrez sur la pomme afin de la protéger du soleil et des manipulations.

CONSERVER LES CHOUX-FLEURS

Bien protégés par leurs feuilles, ils peuvent se conserver jusqu'à 2 mois environ dans un endroit frais et sec. À défaut, ils se gardent environ 1 semaine dans le bac à légumes du réfrigérateur.

Cuisiner les choux-fleurs

Le chou-fleur se consomme aussi bien cru (en petits bouquets à tremper dans une sauce pour l'apéro par exemple) que cuit (en potage, en gratin, à la vapeur ou même rôti au four avec des épices).

Vous pouvez aussi le râper pour en faire une sorte de « riz » de chou-fleur, à déguster cru comme un taboulé ou cuit façon risotto. Ce riz peut même servir de base pour une pâte à pizza maison.

LEURS ATOUTS NUTRITIONNELS

Les choux-fleurs sont une bonne source de vitamine C, précieuse pour le système immunitaire. Ils apportent de nombreuses autres vitamines (notamment du groupe B) et minéraux (calcium, magnésium, potassium…). Ils sont également riches en fibres, qui favorisent un bon transit. Riche en eau, pauvre en calories, le chou-fleur est un excellent diurétique. Comme tous les autres légumes de la famille des brassicacées, il apporte des composés soufrés (glucosinolates), qui ont une action prouvée dans la prévention de certains cancers.

Gratin de chou-fleur au jambon

Pour *4 personnes* - Temps de préparation : *10 minutes*
Temps de cuisson : *40 minutes*

Ingrédients

1 chou-fleur
2 pommes de terre
2 belles tranches de jambon blanc (achetées chez le charcutier)
50 g de gruyère râpé

Pour la béchamel
25 g de beurre
25 g de farine
125 ml de lait
1 cuillerée à café de noix de muscade moulue
Sel, poivre

Préparation

1. Détaillez le chou-fleur en petits bouquets et rincez-les. Épluchez les pommes de terre et coupez-les en dés. Faites-les cuire ensemble 15 minutes à la vapeur.
2. Préchauffez le four à 180 °C (thermostat 6).
3. Préparez la béchamel. Faites fondre le beurre dans une casserole. Ajoutez la farine en une seule fois et mélangez pendant 1 minute. Ajoutez le lait et faites épaissir à feu doux en remuant pendant 4 à 5 minutes. Salez, poivrez et ajoutez la muscade.
4. Découpez le jambon blanc en lamelles.
5. Déposez le chou-fleur et les pommes de terre dans un plat. Ajoutez le jambon blanc et versez la béchamel. Parsemez de gruyère râpé et enfournez pour 20 minutes. Servez chaud.

Chou-fleur rôti aux épices

Pour *4 personnes* - Temps de préparation : *10 minutes*
Temps de cuisson : *1 heure*

Ingrédients

- 1 chou-fleur
- 4 cuillerées à soupe d'huile d'olive
- 1 cuillerée à café de curcuma moulu
- ½ cuillerée à café de gingembre moulu
- ½ cuillerée à café de cumin moulu
- ½ cuillerée à café de coriandre moulue
- 1 pincée de piment d'Espelette
- ½ bouquet de coriandre
- Le jus de ½ citron
- Sel, poivre

Préparation

1. Préchauffez le four à 180 °C (thermostat 6).
2. Enlevez les feuilles du chou et rincez-le (laissez-le entier).
3. Dans un bol, mélangez l'huile d'olive avec les épices. Salez et poivrez.
4. Badigeonnez généreusement le chou-fleur d'huile épicée à l'aide d'un pinceau. Déposez-le dans un plat à four et recouvrez de papier d'aluminium. Enfournez pour 1 heure en enlevant l'aluminium au bout de 45 minutes.
5. Rincez et ciselez la coriandre.
6. Servez chaud, arrosé de jus de citron et de coriandre ciselée.

L'ASTUCE EN +

Le temps de cuisson varie en fonction de la taille du chou-fleur et de vos goûts (si vous l'aimez plus croquant ou plus fondant). Pour vérifier sa cuisson, plantez la lame d'un couteau en son centre.

Taboulé de chou-fleur aux fruits secs

Pour *4 personnes*
Temps de préparation : *20 minutes*

Ingrédients

2 échalotes
½ botte de persil plat
1 grosse poignée de noisettes
2 cuillerées à soupe de raisins secs
1 petit chou-fleur (ou ½, en fonction de la taille)

Pour la vinaigrette
4 cuillerées à soupe d'huile d'olive
2 cuillerées à soupe de vinaigre de cidre
Sel, poivre

Préparation

1. Pelez et émincez les échalotes. Rincez et ciselez le persil. Concassez grossièrement les noisettes.
2. Dans un saladier, mélangez l'huile et le vinaigre. Salez et poivrez.
3. Détachez les fleurettes du chou-fleur en gardant les queues. Rincez et égouttez-les. Versez-les dans le bol d'un blender et mixez afin d'obtenir une sorte de semoule.
4. Versez la semoule de chou-fleur dans le saladier et mélangez. Ajoutez les échalotes, le persil, les noisettes et les raisins secs, puis mélangez à nouveau. Servez frais.

LES BETTERAVES

Nom latin : *Beta vulgaris L.*
Famille botanique : *Amaranthacées*
Type : *légume-racine*

Cette plante est facile à cultiver au potager, à condition d'en prendre soin. C'est une proche parente de la betterave sucrière (cultivée pour la production de sucre) et de la betterave fourragère (utilisée pour l'alimentation du bétail). Elle peut être ronde ou allongée (crapaudine), et de différentes couleurs (rouge, rose, jaune, blanche…). Longtemps utilisée à des fins médicinales, elle n'est vraiment consommée qu'à partir du milieu du XIXe siècle.

SEMER ET CULTIVER LES BETTERAVES

Si vous souhaitez semer les betteraves, réalisez les semis **en avril, mai ou juin** directement en place au potager. La levée est rapide : seulement 10 à 12 jours après le semis.

Vous pouvez aussi faire un semis en godet (pour les protéger du froid) ou les acheter directement en godet. Dans ce cas, vous pouvez les planter tout au long du printemps. Espacez chaque plant de 25 cm. Si vous avez plusieurs lignes, espacez-les de 40 cm environ.

Nombre de jours avant germination : 10 à 12 jours (selon la température).

Nombre de semaines avant récolte : 7 à 8 semaines (selon la variété choisie).

LES BONS GESTES

✓ Les betteraves apprécient les sols plutôt riches : n'hésitez pas à utiliser de l'engrais et du compost pour amender la terre.

✓ Elles ont besoin d'un certain niveau d'humidité et craignent les fortes chaleurs estivales. De mai à septembre, pensez à arroser dès que la terre devient sèche en évitant de mouiller le feuillage. Le paillage au pied des plants permet de maintenir l'humidité plus longtemps.

INSECTES ET MALADIES

La mouche de la betterave. Sa larve provoque des dégâts très visibles : les feuilles se couvrent de taches claires translucides. Placez des pièges jaunes englués près des plants et pratiquez la rotation des cultures. Éliminez les feuilles touchées et arrachez les plants si presque toutes les feuilles sont atteintes.

Le mildiou. Les feuilles se couvrent de spores et les légumes deviennent inconsommables. La lutte est préventive : brûler les plantes atteintes pour éviter la propagation. Évitez également l'arrosage excessif.

ET LA CULTURE EN POT ?

Ce légume ayant besoin de place pour pousser, la culture en pot n'est pas idéale. Mais rien ne vous empêche d'essayer ! Vous pourrez obtenir une grosse betterave, ou plusieurs minis. Optez pour une terre riche, et veillez à ce qu'elle reste humide.

AUTOMNE

RÉCOLTER LES BETTERAVES

La période de récolte s'étale de fin août à novembre selon la période de plantation ou de semis. Dès que la racine de betterave atteint 10 cm environ, vous pouvez l'arracher. Récoltez les betteraves au fur et à mesure de vos besoins car elles se conservent mieux en terre avec leurs feuilles. Seul impératif : les récolter toutes avant les premières gelées.

CONSERVER LES BETTERAVES

Les betteraves se conservent de préférence en terre. À défaut, vous pouvez les entreposer (sans leurs feuilles) dans un endroit frais et à l'abri de la lumière, par exemple un cellier ou une cave. Mettez-les dans un cageot, sur du papier journal, et recouvrez-les éventuellement d'une couche de sable sec et propre. Elles se conserveront ainsi plusieurs semaines.

Vous pouvez aussi les entreposer, sans leurs feuilles, dans le bac à légumes du réfrigérateur, de préférence emballées individuellement dans un sac de papier kraft.

Les betteraves peuvent aussi être congelées. Dans ce cas, faites-les cuire, puis pelez-les et découpez-les en tranches, que vous congèlerez à plat avant de les mettre en sachets.

CUISINER LES BETTERAVES

Les betteraves se consomment principalement cuites. Pour cela, faites-les cuire entières, avec leur peau, dans de l'eau salée, pendant 2 h 30 environ (ou 30 minutes à la Cocotte-Minute ou à la vapeur). Pour vérifier qu'elles sont cuites, frottez leur peau : celle-ci doit se retirer facilement.

Elles peuvent aussi être consommées crues, râpées ou finement émincées. Mais attention, la Direction générale de la concurrence, de la consommation et de la répression des fraudes (DGCCRF) alerte quant au risque d'intoxication alimentaire et déconseille ce mode de consommation par mesure de prudence.

L'ASTUCE ANTI-GASPI !

Tout comme les fanes de carottes ou de radis, les feuilles de betterave sont également comestibles. Vous pouvez les poêler, les préparer en soupe, en gratin ou en pesto.

LEURS ATOUTS NUTRITIONNELS

Les betteraves sont particulièrement riches en divers antioxydants, présents dans leurs pigments colorés. Elles contiennent notamment des pigments spécifiques, les bétalaïnes, reconnus pour leurs propriétés dans la prévention du cancer, et de l'acide alpha-lipoïque, qui a un rôle bénéfique sur la glycémie. Elles affichent une haute teneur en nitrates, composé reconnu pour son action sur la santé cardio-vasculaire. Elles sont également très riches en potassium, minéral essentiel pour la régulation de la pression artérielle et la bonne santé des os.

Mille-feuille de betterave aux noix

Pour *4 personnes* - Temps de préparation : *15 minutes*

Ingrédients

Quelques brins de ciboulette
200 g de fromage de chèvre frais
100 ml de crème liquide entière
1 grosse betterave cuite
4 cuillerées à soupe de cerneaux de noix
1 cuillerée à soupe d'huile de noix
Sel, poivre

Préparation

1. Rincez et ciselez la ciboulette (gardez quelques brins pour la décoration).
2. Dans un bol, mélangez le fromage de chèvre avec la crème liquide. Ajoutez la moitié de la ciboulette ciselée, salez et poivrez.
3. Épluchez la betterave et coupez-la en tranches.
4. Dans une assiette, disposez une tranche de betterave. Tartinez-la avec la préparation au fromage frais, ajoutez quelques cerneaux de noix, puis recouvrez avec une autre tranche de betterave. Renouvelez l'opération afin d'obtenir le mille-feuille.
5. Arrosez d'un filet d'huile de noix et décorez avec le reste de ciboulette. Servez frais.

Mousse de betterave

Pour *4 personnes* - Temps de préparation : *15 minutes*

Ingrédients

1 grosse betterave cuite
1 gousse d'ail
70 g de fromage frais
Le jus de ½ citron
1 cuillerée à soupe d'huile d'olive
1 cuillerée à café de vinaigre balsamique
Sel, poivre

Préparation

1. Épluchez la betterave et coupez-la en gros dés. Pelez l'ail.
2. Versez tous les ingrédients dans le bol d'un blender et mixez jusqu'à obtention d'une texture homogène.
3. Présentez la mousse dans des verrines.

L'ASTUCE EN +

Vous pouvez servir cette mousse à l'apéritif, accompagnée de petits bouquets de chou-fleur cru.

Betteraves rôties à l'ail et au cumin

Pour *4 personnes* **- Temps de préparation :** *10 minutes*
Temps de cuisson : *1 heure*

Ingrédients

4 betteraves crues de taille moyenne
8 gousses d'ail
4 cuillerées à soupe d'huile d'olive
2 cuillerées à soupe de graines de cumin
Quelques brins de thym
Sel, poivre

Préparation

1. Préchauffez le four à 180 °C (thermostat 6).
2. Nettoyez et épluchez les betteraves. Rincez-les et coupez-les en quartiers.
3. Mélangez les quartiers de betteraves avec les gousses d'ail entières, avec leur peau, l'huile d'olive, les graines de cumin et le thym effeuillé. Salez et poivrez. Versez le tout dans un plat à four.
4. Enfournez pour 1 heure en mélangeant de temps en temps. Servez chaud ou tiède.

LES CÉLERIS-RAVES

Nom latin : *Apium graveolens L. var. rapaceum*
Famille botanique : *Apiacées*
Type : *légume-racine*

Cette plante herbacée est cultivée comme plante potagère pour sa tige tubérisée consommée comme un légume. Cette culture n'est vraiment pas facile, car très gourmande en eau et en nutriments. À réserver aux jardiniers expérimentés et assidus !

SEMER ET CULTIVER LES CÉLERIS-RAVES

Il est impossible de semer le céleri directement au potager. La solution la plus simple consiste à démarrer d'un plant acheté en pépinière. La mise en terre se fait **vers fin avril-début mai** après les gelées.

Nombre de mois avant récolte : 7 mois après semis et 5 mois après plantation.

LES BONS GESTES

✓ Le céleri-rave est une plante particulièrement gourmande ! L'apport massif de compost est une obligation, mais ne suffit pas toujours. Il faut bien souvent apporter tous les mois un complément nutritif (par exemple, du purin d'ortie).
✓ Il ne supporte pas le manque d'eau : veillez à bien pailler pour éviter l'évaporation.
✓ Le céleri-rave a besoin d'un sol frais. Il se plaît sous un climat tempéré, sans chaleur excessive ni gelées précoces.

INSECTES ET MALADIES

La mouche du céleri. Cette petite mouche noire aux joues blanches fait jaunir le feuillage et pourrir les racines. Vous pouvez protéger les cultures avec du marc de café (dont l'odeur les éloigne), du purin de lavande, des pièges à glu ou avec un filet anti-insectes fin (à poser avant toute infestation bien sûr !).

Autre solution : déposer sur et entre les rangs des feuilles de plantes odorantes (absinthe, lavande, tanaisie, thym, tomate…). En cas d'attaque, arrachez rapidement les plants touchés.

La sclérotiniose. Cette maladie (aussi appelée **« pourriture blanche »**) due à un champignon peut attaquer le céleri à tous les stades de croissance, y compris pendant l'entreposage. En prévention, aérez bien vos plants, évitez l'excès d'eau ou l'eau stagnante et pratiquez la rotation des cultures d'une année sur l'autre.

ET LA CULTURE EN POT ?

En raison de la taille des légumes, la culture en pot n'est pas adaptée.

RÉCOLTER LES CÉLERIS-RAVES

La récolte se fait par temps sec fin octobre-début novembre, avant les premières gelées. Attention, ne laissez pas les céleris-raves trop longtemps en terre, car ils auront tendance à durcir. Sortez les boules à l'aide d'une fourche-bêche en veillant à ne pas les entailler. Coupez les feuilles et les radicelles à ras. Enlevez l'excès de terre, mais ne les lavez pas.

CONSERVER LES CÉLERIS-RAVES

Vous pouvez conserver vos céleris-raves dans un endroit frais et sec pendant tout le reste de l'hiver.

Vous pouvez aussi congeler le céleri-rave préalablement blanchi ou cuit. Pour le blanchir, épluchez-le, coupez-le en dés et plongez-les 3 minutes dans de l'eau bouillante avec 1 pincée de sel. Stoppez la cuisson à l'eau froide, égouttez et congelez.

CUISINER LES CÉLERIS-RAVES

Ce légume se consomme aussi bien cru que cuit. Cru, il est délicieux en rémoulade, éventuellement associé avec de la pomme. Cuit, il peut être préparé en purée, en soupe, poêlé, rôti au four (entier ou en frites).

L'ASTUCE ANTI-GASPI !

Ne jetez pas ses feuilles ! Elles sont parfaites pour aromatiser une soupe ou un bouillon, préparer un pesto…

LEURS ATOUTS NUTRITIONNELS

Riches en eau et pauvres en calories, ils constituent une excellente source de minéraux (en particulier de potassium) et de vitamines (notamment B, C et K). On préconise généralement sa consommation pour réguler la tension artérielle et prévenir les maladies cardio-vasculaires.

Céleri rémoulade, pommes et noix

Pour *4 personnes* - Temps de préparation : *15 minutes*

Ingrédients

300 g de céleri-rave
2 pommes acidulées (golden ou granny-smith)
2 cuillerées à soupe de jus de citron
50 g de cerneaux de noix

Pour la sauce
5 cuillerées à soupe de mayonnaise
1 cuillerée à soupe de moutarde mi-forte
1 cuillerée à soupe de crème liquide entière
1 cuillerée à café de jus de citron
Sel, poivre

Préparation

1. Épluchez le céleri et râpez-le avec une grille à gros trous. Épluchez les pommes et coupez-les en fins bâtonnets.
2. Versez le céleri et les pommes dans un saladier et arrosez-les de jus de citron. Mélangez.
3. Dans un bol, mélangez la mayonnaise, la moutarde, la crème et le jus de citron. Salez et poivrez.
4. Versez la sauce dans le saladier et mélangez. Ajoutez les noix. Réservez au frais jusqu'au moment de servir.

Purée de céleri moutardée

Pour *4 personnes* - Temps de préparation : *15 minutes*
Temps de cuisson : *20 minutes*

Ingrédients

500 g de céleri-rave
500 g de pommes de terre
200 ml de lait
30 g de beurre salé
1 cuillerée à soupe de moutarde
Poivre

Préparation

1. Épluchez le céleri et les pommes de terre et coupez-les en morceaux. Faites-les cuire 20 minutes à la vapeur (les légumes doivent être fondants).
2. Faites chauffer le lait.
3. Écrasez les légumes au presse-purée en ajoutant le lait chaud, le beurre et la moutarde. Poivrez. Servez chaud.

LES BLETTES

Nom latin : *Beta vulgaris L.*
Famille botanique : *Amaranthacées*
Type : *légume-feuille*

Ce légume porte de nombreux noms différents : bette, poirée, jotte, joute... Il est cultivé comme une plante potagère à la fois pour ses longues feuilles vertes, rouges ou jaunes, et pour ses côtes, aussi appelées cardes. Sa culture est facile.

SEMER ET CULTIVER LES BLETTES

Le semis se fait **en avril ou en mai,** soit directement en place (dans les régions les plus chaudes), soit en pépinière. Semez en ligne à environ 2 cm de profondeur. Pour les semis en place, éclaircissez les plants avec un espace de 30 à 40 cm dès l'apparition des premières feuilles. Pour les semis en pépinière, repiquez lorsque le plant a fait 4 ou 5 feuilles en espaçant les plants de 30 à 40 cm.

Vous pouvez aussi planter les blettes en godet, tout au long du printemps, en espaçant les plants de 30 cm et les lignes de 40 cm.

Nombre de jours avant germination : 7 à 10 jours (selon la température).
Nombre de jours avant récolte : 50 à 60 jours (selon la variété choisie).

LES BONS GESTES

- ✓ Les blettes aiment les sols frais et profonds, bien ameublis. Plantez-les au soleil ou à la mi-ombre, dans un sol argileux, sableux, humide mais bien drainé.
- ✓ Ajoutez à la terre un peu d'humus et de terreau, et du compost ou du fumier pendant l'hiver avant la plantation.
- ✓ Arrosez régulièrement afin de maintenir le substrat humide. Veillez à ce que les blettes ne manquent pas d'eau en été, sinon leurs côtes deviendront fibreuses et leurs feuilles perdront leur tendreté.

INSECTES ET MALADIES

L'altise. Ce petit coléoptère sauteur troue et dévore les feuilles. Pour le faire fuir, placez des morceaux de feuilles d'absinthe, car il déteste cette odeur. Vous pouvez aussi pulvériser du purin d'absinthe ou de tanaisie, ou de la décoction d'ail, ou bien étaler de la cendre de bois (sans excès) ou de la terre de diatomée autour des plants.

Le puceron. Il fait s'enrouler et décolorer les feuilles. Le savon noir est un remède efficace en cas d'infestation. Mélangez 200 ml de savon noir liquide dans 1 litre d'eau et pulvérisez. Le lendemain, rincez les feuilles (afin d'éliminer les pucerons morts). Renouvelez le traitement tous les 10 jours.

ET LA CULTURE EN POT ?

Ce mode de culture n'est pas idéal car les blettes ont besoin d'une terre riche et profonde et d'un arrosage très fréquent (encore plus en pot), afin de maintenir la terre humide.

RÉCOLTER LES BLETTES

La récolte commence à partir de 2 mois et demi après le semis, donc à partir de juin jusqu'aux premières gelées d'automne (vers le mois de novembre).

Pour les variétés à cardes, prélevez les feuilles au fur et à mesure en les coupant à l'aide de ciseaux et en commençant par l'extérieur. Pour les variétés à couper (type bette-épinard), coupez toute la plante, en cassant les côtes au ras du sol. Ainsi, elle reformera de nouvelles feuilles.

AUTOMNE

CONSERVER LES BLETTES

Les blettes fraîches se conservent entières dans un tissu fin et légèrement humide, bien serré autour des feuilles.

Entreposez le tout dans le bac à légumes du réfrigérateur : vos blettes se conservent ainsi plusieurs jours.

Les blettes peuvent aussi être congelées crues ou blanchies 2 à 3 minutes dans l'eau bouillante salée.

CUISINER LES BLETTES

Commencez par séparer les feuilles des côtes, car leur temps de cuisson est différent. Cassez les côtes en deux et tirez sur leur peau fibreuse afin de retirer les fils (comme pour éplucher de la rhubarbe). Les côtes se consomment cuites, à la poêle, à la vapeur, en gratin, en tourte, frites...

Les feuilles, elles, se préparent un peu comme les épinards : vous pouvez les faire tomber au beurre, les préparer en quiche... Les jeunes feuilles peuvent aussi être consommées crues, en salades.

L'ASTUCE EN +

Pour éviter leur goût amer, rincez-les longuement dans plusieurs eaux. Vous pouvez aussi les faire cuire avec 1 pomme de terre ou avec 1 cuillerée à café de vinaigre blanc ou de jus de citron.

LEURS ATOUTS NUTRITIONNELS

Les blettes sont l'un des légumes les moins riches en calories. Elles constituent une excellente source d'antioxydants (différents en fonction de leur couleur) : bétacyanines, bétaxanthines, lycopène... Elles contiennent aussi de la chlorophylle et des minéraux, en particulier du potassium, indispensable au bon fonctionnement du système nerveux et des muscles ainsi que pour la régulation de la pression sanguine, et du manganèse, important pour les os et le métabolisme de l'énergie. Elles sont également une excellente source de vitamine B9 (surtout pour les blettes crues) et de vitamine A et K1 (surtout pour les blettes cuites).

Poêlée de côtes de blettes

Pour *4 personnes* **- Temps de préparation :** *15 minutes*
Temps de cuisson : *35 minutes*

Ingrédients

1 kg de blettes
1 oignon
1 gousse d'ail
1 noix de beurre
150 ml d'eau
100 g de crème fraîche
Quelques brins de persil plat
Sel, poivre

Préparation

1. Séparez les côtes et les feuilles de blettes (conservez les feuilles pour une autre recette, par exemple l'omelette, p. 218).
2. Retirez les fils des côtes et coupez-les en tronçons. Rincez-les dans plusieurs eaux.
3. Faites cuire les tronçons de côtes de blettes 15 minutes dans de l'eau bouillante salée, puis égouttez-les.
4. Pelez et émincez l'oignon et l'ail.
5. Faites fondre le beurre dans une sauteuse. Ajoutez l'oignon et l'ail, et faites fondre 5 minutes à feu moyen. Ajoutez les côtes de blettes ainsi que l'eau et poursuivez la cuisson 10 minutes en mélangeant régulièrement.
6. En fin de cuisson, ajoutez la crème fraîche, puis laissez chauffer quelques minutes à feu doux. Salez et poivrez. Servez chaud parsemé de persil ciselé.

Omelette aux blettes

Pour *4 personnes* **- Temps de préparation :** *10 minutes*
Temps de cuisson : *25 minutes*

Ingrédients

600 g de blettes
1 oignon
½ bouquet de persil plat
2 cuillerées à soupe d'huile d'olive
4 œufs
Sel, poivre

Préparation

1. Séparez les côtes et les feuilles de blettes (conservez les côtes pour une autre recette, par exemple la poêlée p. 217). Rincez les feuilles et émincez-les.
2. Pelez et émincez l'oignon. Rincez et ciselez le persil.
3. Faites chauffer l'huile d'olive dans une sauteuse. Ajoutez l'oignon et faites-le fondre 5 minutes à feu doux. Ajoutez les feuilles de blettes et laissez cuire 5 minutes en mélangeant régulièrement.
4. Dans un bol, battez les œufs en omelette. Ajoutez le persil ciselé, salez et poivrez.
5. Versez les œufs battus sur les blettes et laissez cuire 10 minutes à feu doux, puis retournez l'omelette en vous aidant d'une assiette et faites-la cuire 5 minutes environ de l'autre côté (en surveillant bien la cuisson). Servez chaud.

LES POIREAUX

Nom latin : *Allium ampeloprasum L. var. porrum*
Famille botanique : *Amaryllidacées*
Type : *légume-feuille, légume-racine*

Originaire d'Asie centrale, cette plante cousine de l'oignon est consommée comme légume depuis la nuit des temps. C'est le légume d'hiver par excellence et une plante très rustique, qui aime le froid.

SEMER ET CULTIVER LES POIREAUX

La culture peut commencer à partir de graines, qu'il faut semer très tôt au printemps, mais il sera plus simple de repiquer des plants que l'on trouve facilement en jardinerie. Le repiquage se fait **à partir de fin juin-début juillet** à 10 cm d'intervalle, avec un écartement entre les lignes de 60 cm environ.

Repiquez les poireaux le plus profondément possible afin de ne laisser dépasser que les feuilles : cela permettra au fût du poireau (c'est-à-dire la partie blanche) de mieux de se développer.

Nombre de jours avant récolte : 100 à 150 jours (selon la variété choisie) après le repiquage.

LES BONS GESTES

✓ L'apport de compost est très important avant le repiquage.
✓ Le désherbage est indispensable pour que la culture s'épanouisse.
✓ L'arrosage est indispensable, surtout pendant la période estivale.

INSECTES ET MALADIES

La mouche mineuse du poireau. Ses larves creusent des galeries verticales du vert en direction du blanc. La meilleure solution pour empêcher la mouche d'approcher est de poser un filet anti-insectes ou un voile de forçage sur les cultures en veillant à ce que le voile ne touche pas les légumes (pour cela, optez pour une mise en place sur des arceaux). Cette protection est à mettre en place pendant la période de vol et de ponte (mars-avril, puis septembre-octobre). Si les poireaux sont atteints, coupez-les le plus ras possible avec des ciseaux et éliminez les déchets de culture en les brûlant (ne les mettez pas dans le compost). Enfin, par mesure de sécurité, ne replantez pas les poireaux au même endroit 2 années de suite.

ET LA CULTURE EN POT ?

Ce mode de culture n'est pas adapté au poireau.

RÉCOLTER LES POIREAUX

La récolte se fait à partir de l'automne et durant l'hiver. Prélevez au fur et à mesure de vos besoins, car les poireaux supportent bien le gel et ils s'adouciront avec le temps. Pour récolter, passer la fourche sous le poireau pour l'arracher, car les racines, nombreuses, sont souvent bien accrochées dans le sol.

L'ASTUCE EN +

Vous pouvez, si vous le souhaitez, conserver vos poireaux en terre jusqu'à la récolte. Cette technique s'appelle la mise en jauge : elle consiste à creuser une tranchée en V, puis à aligner les poireaux côte à côte avant de recouvrir les fûts (parties blanches) de terre et de feuilles mortes.

CONSERVER LES POIREAUX

Non lavés, les poireaux peuvent être conservés jusqu'à 1 mois dans un endroit frais et humide. Vous pouvez aussi les entreposer dans le bac à légumes du réfrigérateur pendant une dizaine de jours.

Vous pouvez également les congeler en prenant soin de séparer au préalable le blanc et le vert. Faites-les blanchir (séparément toujours) 2 à 3 minutes dans de l'eau bouillante, puis stoppez la cuisson à l'eau froide avant de les sécher et de les mettre en sachet.

CUISINER LES POIREAUX

Les poireaux se consomment principalement cuits. Les recettes sont innombrables : fondue, soupes, tartes, gratins… Quand il est jeune et très tendre, il peut aussi être mangé cru, finement émincé, dans des salades.

L'ASTUCE ANTI-GASPI !

Dans le poireau, tout se mange ! Le blanc bien sûr, mais aussi le vert qui, outre les soupes, pourra servir de « feuille d'emballage » pour des papillotes 100 % comestibles. Sans oublier les radicelles (les petites racines à la base du blanc), délicieuses frites ou en beignets !

LEURS ATOUTS NUTRITIONNELS

Pauvres en calories, les poireaux sont reconnus pour leurs propriétés diurétiques, liées à leur richesse en fructosanes (des glucides spécifiques) et à un rapport potassium-sodium élevé. Grâce à leur haute teneur en fibres (pectine et cellulose), ils ont également une action bénéfique sur la régulation du transit intestinal. Ils constituent par ailleurs une excellente source de minéraux (fer, magnésium, cuivre, calcium…) et de vitamines (notamment A, B et C).

Tourte aux poireaux

Pour *6 personnes* - Temps de préparation : *25 minutes*
Temps de cuisson : *1 h 05*

Ingrédients

Pour la pâte brisée
250 g de farine
½ cuillerée à café de sel
120 g de beurre mou (+ 1 noix pour le moule)
1 jaune d'œuf
50 ml d'eau

Pour la garniture
800 g de poireaux
30 g de beurre (+ 1 noix pour le moule)
3 cuillerées à soupe de farine
100 ml de lait
150 ml de crème liquide entière
2 œufs (+ 1 jaune pour la dorure)
Sel, poivre

Préparation

1. Préparez la pâte brisée. Versez la farine et le sel dans un saladier. Ajoutez le beurre mou coupé en petits morceaux et mélangez avec les mains. Ajoutez le jaune d'œuf et l'eau. Pétrissez jusqu'à obtenir une boule homogène, couvrez et mettez au réfrigérateur.
2. Préparez les poireaux. Gardez le blanc et environ un quart du vert (conservez le reste du vert pour une soupe). Rincez-les et émincez-les.
3. Faites fondre le beurre dans une sauteuse. Ajoutez les poireaux, couvrez et laissez cuire 20 minutes environ à feu doux en remuant régulièrement.
4. Ajoutez la farine, le lait et la crème liquide, mélangez et laissez mijoter encore 5 minutes. Salez et poivrez. Hors du feu, ajoutez les 2 œufs entiers et mélangez. Laissez refroidir.
5. Préchauffez le four à 180 °C (thermostat 6).

6 Séparez la pâte en deux : une grosse moitié pour le fond, l'autre pour le couvercle. Étalez la première boule à l'aide d'un rouleau à pâtisserie et garnissez-en un moule à tarte beurré. Versez la garniture aux poireaux. Étalez la deuxième boule et posez-la sur les poireaux. Soudez les deux pâtes avec un peu d'eau. Faites un petit trou au centre afin de permettre à la vapeur de s'échapper.

7 Battez le jaune d'œuf avec un peu d'eau, puis badigeonnez le dessus de la tourte à l'aide d'un pinceau. Enfournez pour 40 minutes environ. Servez chaud.

Velouté de légumes d'hiver

Pour *4 personnes* - Temps de préparation : *10 minutes*
Temps de cuisson : *35 minutes*

Ingrédients

2 poireaux
4 navets
2 pommes de terre
1 oignon
1 cuillerée à soupe d'huile d'olive
1 litre de bouillon de légumes
4 cuillerées à soupe de crème fraîche
Sel, poivre

Préparation

1. Rincez et émincez les poireaux. Rincez les navets et coupez-les en gros morceaux. Épluchez les pommes de terre et coupez-les en dés. Pelez et émincez l'oignon.
2. Faites chauffer l'huile d'olive dans une cocotte. Ajoutez les oignons et laissez-les fondre 5 minutes à feu doux. Ajoutez les poireaux, les navets et les pommes de terre et laissez mijoter 5 minutes à feu doux.
3. Versez le bouillon de légumes, salez légèrement et poivrez. Laissez cuire 25 minutes à feu doux.
4. Mixez les légumes avec la crème fraîche. Réchauffez le velouté à feu doux et servez bien chaud.

Gratin de poireaux au jambon

Pour *4 personnes* - Temps de préparation : *15 minutes*
Temps de cuisson : *45 minutes*

Ingrédients

4 blancs de poireaux
4 tranches de jambon blanc (achetées chez le charcutier)

Pour la béchamel
50 g de beurre
50 g de farine
500 ml de lait
1 pincée de noix de muscade moulue
Sel, poivre

Préparation

1. Lavez les poireaux. Recoupez-les éventuellement afin que les tronçons soient tous de la même taille que les tranches de jambon.
2. Faites-les cuire 15 minutes dans une casserole d'eau bouillante salée, puis laissez-les égoutter sur du papier absorbant.
3. Préchauffez le four à 180 °C (thermostat 6).
4. Préparez la béchamel. Faites fondre le beurre dans une casserole. Puis ajoutez la farine en une seule fois et mélangez à l'aide d'un fouet. Ajoutez le lait et la muscade, salez et poivrez. Faites cuire environ 5 minutes, en mélangeant sans cesse, jusqu'à ce que la béchamel épaississe.
5. Versez un tiers de la béchamel dans un plat à four.
6. Enroulez chaque blanc de poireau dans une tranche de jambon. Déposez les poireaux ainsi enroulés dans le plat, puis nappez avec le reste de béchamel.
7. Enfournez pour 25 minutes. Servez bien chaud.

LES NAVETS

Nom latin : *Brassica napus L.*
Famille botanique : *Brassicacées*
Type : *légume-racine*

Ce légume-racine fut longtemps l'aliment de base des populations européennes, avant d'être détrôné par la pomme de terre au XVIIIe siècle. Il est simple à cultiver et se conserve bien pendant l'hiver. Il en existe de nombreuses variétés, avec des formes, des couleurs et même des saveurs parfois très différentes (plus ou moins sucrée, piquante...).

SEMER ET CULTIVER LES NAVETS

Le semis se fait en place **d'avril à août.** Les variétés de printemps et d'été se sèment **de mars à juin,** les variétés d'automne **de juillet à septembre, voire octobre.**

Le navet n'aime pas le grand soleil. Installez-le au soleil doux au printemps et à l'automne, à la mi-ombre et dans un sol frais en été.

Enterrez les graines à 1 ou 2 cm de profondeur, puis couvrez avec du terreau ou une terre légère. Dès l'apparition des premières feuilles (environ 2 à 3 semaines après semis selon les conditions de culture), éclaircissez pour garder 10 cm entre les plants.

Nombre de jours avant germination : 3 à 10 jours (selon la température).
Nombre de jours avant récolte : 30 à 60 jours (selon la variété choisie).

LES BONS GESTES

- ✓ Les navets aiment les terres plutôt riches : enrichissez-la avec du fumier à l'automne précédent.
- ✓ Veillez à maintenir le sol légèrement humide, surtout pendant les fortes chaleurs de l'été. Arrosez en pluie fine et paillez le sol.

✓ Le navet étant exigeant, il est préférable d'attendre trois ans avant d'en replanter au même endroit.

INSECTES ET MALADIES

L'altise du navet. C'est le parasite le plus courant. Cet insecte ravageur perfore les feuilles de petits trous, ce qui peut avoir des conséquences dévastatrices sur les récoltes. Pour le faire fuir, pulvérisez régulièrement de l'eau sur les feuilles matin et soir (les altises n'aiment pas l'humidité). Vous pouvez aussi poser un filet anti-insectes sur les cultures.

La mouche du navet. Elle pond ses larves au pied du collet, ces dernières s'installent dans la terre et se nourrissent des racines. Pour les éviter, plantez des aromatiques à proximité (thym, romarin, fenouil…) et disposez des pièges jaunes englués pour capturer les mouches pondeuses au printemps. Si des pieds sont attaqués, détruisez-les.

Les limaces. Elles adorent grignoter les feuilles de navet et peuvent anéantir rapidement toute une production. Pour les détourner, déposez au pied des plants du marc de café (c'est un très bon engrais naturel), des coquilles d'œufs ou des granulés anti-limaces bio. Vous pouvez aussi entourer chaque plant d'un cercle de cuivre.

Le mildiou du navet. Ce pseudo-champignon fait jaunir les feuilles, qui se couvrent de taches blanches et poudreuses. En prévention, pulvérisez régulièrement de la bouillie bordelaise. Quand les plants sont attaqués, la seule solution est de les détruire pour éviter la propagation du champignon.

LE CONSEIL EN +

Le meilleur moyen d'éviter les maladies est de rendre vos navets moins vulnérables grâce à de bonnes associations et la rotation des cultures. (C'est d'ailleurs valable pour tous les légumes.) Le navet aime la présence du thym, du romarin, de la laitue et des pois. En revanche, il redoute celle de l'ail.

ET LA CULTURE EN POT ?

Privilégiez les variétés rondes et optez pour un pot suffisamment profond (30 cm).

RÉCOLTER LES NAVETS

Les navets se récoltent environ 2 mois après le semis pour les variétés de printemps et d'été, au fur et à mesure des besoins, et de préférence par temps sec. Les navets d'hiver se récoltent environ 3 mois après le semis.

Lors de la récolte, les navets doivent être fermes et lourds, mais pas trop gros. Sortez-les du sol à l'aide d'une fourche-bêche en soulevant délicatement la terre pour ne pas les endommager.

CONSERVER LES NAVETS

Les navets se conservent dans un lieu plutôt frais et aéré (et sombre pour les navets d'automne et d'hiver) pendant plusieurs mois. Coupez leurs feuilles et leurs radicelles, et entreposez-les en silo ou en cave, dans du sable sec.

CUISINER LES NAVETS

Les navets se consomment principalement cuits à la vapeur, à la poêle, à l'autocuiseur, au four... Si vous avez du mal à les digérer, faites-les blanchir 5 minutes au préalable dans une casserole d'eau bouillante salée. Vous pouvez aussi les manger crus, en carpaccio (fines tranches) ou râpés, façon céleri rémoulade.

Mangez-les avec leur peau : elle concentre une grande partie de leurs précieux nutriments. Veillez à les nettoyer soigneusement en les brossant sous l'eau.

L'ASTUCE ANTI-GASPI !

On peut manger les fanes des navets, tout comme celles des carottes, en soupe par exemple.

LEURS ATOUTS NUTRITIONNELS

Peu caloriques, les navets renferment, comme tous les autres légumes de la famille des crucifères, des composés soufrés qui jouent un rôle dans la prévention des cancers. Ils sont également riches en vitamines (notamment C et B), en minéraux et oligoéléments (potassium, calcium, phosphore, fer, cuivre, zinc...).

Frites de navets

Pour *4 personnes* - Temps de préparation : *15 minutes*
Temps de cuisson : *25 à 30 minutes*

Ingrédients

800 g de navets
2 gousses d'ail
3 cuillerées à soupe d'huile d'olive
1 cuillerée à café de miel
1 cuillerée à café de cumin moulu
1 cuillerée à café de paprika moulu
Sel, poivre

Préparation

1. Préchauffez le four à 210 °C (thermostat 7).
2. Rincez les navets et coupez-les en bâtonnets. Pelez et pressez l'ail.
3. Dans un saladier, mélangez l'huile d'olive, le miel, l'ail pressé, le cumin et le paprika. Salez et poivrez. Ajoutez les bâtonnets de navet et mélangez bien.
4. Étalez les navets sur la lèchefrite recouverte de papier sulfurisé, en une seule couche. Enfournez pour 25 à 30 minutes (en fonction de la grosseur des frites) en les retournant à mi-cuisson.

L'ASTUCE EN +

Vous pouvez réaliser cette recette avec d'autres légumes de votre choix : carotte, panais, betterave…

Navets caramélisés au miel

Pour *4 personnes* - Temps de préparation : *5 minutes*
Temps de cuisson : *20 minutes*

Ingrédients

800 g de navets
30 g de beurre salé
1 cuillerée à soupe de miel
½ cuillerée à café de paprika moulu

Préparation

1. Épluchez les navets et coupez-les en quartiers. Faites-les cuire 10 minutes à la vapeur.
2. Faites fondre le beurre dans une sauteuse. Ajoutez le miel et le paprika, puis les navets, et faites cuire 5 à 10 minutes à feu moyen-vif en mélangeant régulièrement, jusqu'à ce qu'ils caramélisent. Servez chaud.

Pot-au-feu

Pour *4 personnes* - Temps de préparation : *15 minutes* - Temps de cuisson : *4 h 30*

Ingrédients

- 4 navets
- 4 carottes
- 2 poireaux
- 1 branche de céleri
- 1 oignon
- 2 clous de girofle
- 1 kg de viande à pot-au-feu (paleron, gîte, plat de côte)
- 2 os à moelle
- 1 bouquet garni
- 2 gousses d'ail
- 1 cuillerée à café de gros sel
- 6 grains de poivre

Préparation

1. Nettoyez les navets et les carottes, et coupez-les en morceaux. Rincez les poireaux (verts et blancs), coupez chacun en trois tronçons, et liez-les en bottes à l'aide d'une ficelle. Rincez et émincez le céleri.
2. Pelez l'oignon et piquez-le avec les clous de girofle.
3. Remplissez une grande cocotte d'eau froide jusqu'aux trois quarts. Ajoutez la viande et les os à moelle (dans une mousseline, afin d'éviter qu'ils se délitent). Ajoutez le gros sel, portez à ébullition et laissez cuire 30 minutes à feu moyen. Écumez régulièrement jusqu'à ce qu'il n'y ait plus d'écume.
4. Ajoutez dans la cocotte les navets, les carottes, les poireaux, le céleri, l'oignon, le bouquet garni, les gousses d'ail non pelées et les grains de poivre. Portez à nouveau à ébullition, puis baissez le feu et laissez cuire 4 heures environ à feu très doux. Dégraissez en écumant en cours de cuisson. Servez bien chaud.

L'ASTUCE EN +

Vous pouvez servir le bouillon chaud ou tiède avant le pot-au-feu ou l'utiliser pour préparer une soupe.

LES CHOUX DE BRUXELLES

Nom latin : *Brassica oleracea L. var. gemmifera*
Famille botanique : *Brassicacées*
Type : *légume-feuille*

Le chou de Bruxelles est une variété de chou dont les bourgeons axillaires forment de petites têtes pommées. Vous avez en tête les choux de Bruxelles insipides que l'on vous servait à la cantine quand vous étiez enfant ? Redécouvrez ce légume délicieux en le cultivant vous-même très facilement.

SEMER ET CULTIVER LES CHOUX DE BRUXELLES

Le semis se fait **dès le mois de mars** en pépinière. Les plants peuvent être repiqués en pleine terre **en juin-juillet** pour une récolte à l'automne. La levée a lieu environ 8 à 10 jours après le semis. Les semis peuvent aussi se faire **en avril-mai** pour une récolte durant l'hiver et le printemps.

Après la levée, lorsque les plants comptent 2 ou 3 feuilles, éclaircissez en gardant un plant tous les 8 à 10 cm. Lorsque les plants comptent 6 à 8 feuilles, plantez au potager à 50 cm d'intervalle en prenant soin de tasser vigoureusement la terre contre les racines, afin de faciliter l'ancrage du plant au sol.

Nombre de jours avant germination : 3 à 10 jours (selon la température).
Nombre de jours avant récolte : 90 à 120 jours (selon la variété choisie).

LES BONS GESTES

✓ Les choux de Bruxelles aiment les sols plutôt frais. En cas de sécheresse, arrosez régulièrement en pluie fine en évitant le feuillage (sinon gare aux champignons !). Réalisez un bon paillage afin de garder l'humidité et la fraîcheur dans le sol.
✓ Les plantes peuvent atteindre 1 m de hauteur. Si votre potager est exposé au vent, n'hésitez pas à installer des tuteurs.
✓ Désherbez régulièrement.

INSECTES ET MALADIES

Le mildiou. C'est le principal ennemi du chou. Il se manifeste par l'apparition de taches sur les feuilles. Pour l'éviter, attention aux excès d'humidité : évitez d'arroser le feuillage, et ne serrez pas trop les plants pour laisser passer l'air au maximum.

La piéride du chou. La chenille de ce papillon blanc, très reconnaissable à sa couleur blanc crème et à ses taches noires, se nourrit essentiellement de feuilles de chou, ce qui peut causer de sérieux dégâts. Pour empêcher les papillons de venir pondre sur vos cultures, vous pouvez y installer un filet de protection. Inspectez régulièrement le revers des feuilles et détruisez les œufs ou les chenilles si vous en repérez. Pensez aussi aux plantes compagnonnes : tomate, céleri, plantes aromatiques (menthe, romarin, thym, absinthe, sauge, verveine…). Bannissez en revanche les capucines, qui les attirent.

ET LA CULTURE EN POT ?

La culture en pot est possible comme pour la plupart des variétés de chou. Prévoyez un pot assez large et profond, remplissez-le de terreau et repiquez un plant de chou par pot. Arrosez régulièrement, car le chou a besoin de beaucoup d'eau pour se développer. Placez votre pot à l'abri du soleil, car le chou n'aime pas trop la chaleur.

RÉCOLTER LES CHOUX DE BRUXELLES

Les choux de Bruxelles se récoltent au fur et à mesure de la montée de la tige principale (et de vos besoins) : commencez par récolter ceux de la base en laissant les choux situés plus haut continuer à prospérer. Attendez qu'ils aient atteint au moins 2 ou 3 cm de diamètre. Pour les retirer, utilisez un couteau ou cassez-les à la main en effectuant une légère torsion. Tous les choux doivent être récoltés avant le jaunissement.

CONSERVER LES CHOUX DE BRUXELLES

Ces légumes se consomment au plus vite après la récolte : plus ils sont frais, meilleurs ils sont ! À défaut, vous pouvez les conserver quelques jours dans le bac à légumes du réfrigérateur.

CUISINER LES CHOUX DE BRUXELLES

Les choux de Bruxelles se consomment principalement cuits. Mais il est également possible de les manger crus, quand ils sont bien frais : tranchez-les très finement et mélangez-les avec une vinaigrette généreusement moutardée.

Pour les faire cuire, commencez par les laver à grande eau (vinaigrée de préférence). Coupez la base des trognons et ôtez les feuilles abîmées si nécessaire. Vous pouvez ensuite les faire cuire 15 à 20 minutes à l'eau, une dizaine de minutes à la vapeur ou 5 minutes à l'autocuiseur. Pour faciliter leur digestion, faites-les blanchir avant cuisson en les plongeant 5 minutes dans de l'eau bouillante salée.

Vous pouvez aussi les faire revenir dans une sauteuse avec un peu de bouillon de légumes et de la sauce soja, ou bien les faire rôtir au four, seuls ou accompagnés d'autres légumes.

L'ASTUCE EN +

Pour accélérer la cuisson, incisez leur base en croix à l'aide d'un couteau pointu.

LEURS ATOUTS NUTRITIONNELS

Les choux de Bruxelles sont d'excellentes sources de vitamines C, B9 et K1. Comme tous les autres légumes de la famille des choux, ils contiennent des glucosinolates, des composés soufrés bénéfiques pour la prévention contre le cancer. Ils sont également riches en antioxydants et en minéraux, en particulier le potassium et le manganèse, ainsi que le phosphore.

Choux de Bruxelles rôtis

Pour *4 personnes* - Temps de préparation : *10 minutes*
Temps de cuisson : *20 à 25 minutes*

Ingrédients

600 g de choux de Bruxelles
1 oignon
2 cuillerées à soupe de miel liquide
2 cuillerées à soupe de sauce soja
1 cuillerée à soupe d'huile de sésame
1 cuillerée à soupe d'huile d'olive
1 cuillerée à café de paprika moulu
Sel, poivre

Préparation

1. Préchauffez le four à 180 °C (thermostat 6).
2. Rincez les choux de Bruxelles, retirez leur pied si nécessaire, puis coupez-les en deux ou en quatre en fonction de leur grosseur. Pelez l'oignon et coupez-le en tranches fines.
3. Dans un saladier, mélangez le miel, la sauce soja, les huiles et le paprika. Salez et poivrez. Ajoutez les choux de Bruxelles et l'oignon. Mélangez pour bien enrober les légumes, puis versez le tout dans un plat à four.
4. Enfournez pour 20 à 25 minutes, en fonction de la consistance et du croquant désirés, en remuant de temps en temps.

Choux de Bruxelles à l'ail et au parmesan

Pour *4 personnes* **- Temps de préparation :** *15 minutes*
Temps de cuisson : *20 minutes*

Ingrédients

600 g de choux de Bruxelles
20 g de beurre
1 gousse d'ail
50 g de parmesan
Sel, poivre

Préparation

1. Rincez les choux de Bruxelles, retirez leur pied si nécessaire, puis coupez-les en deux. Faites-les cuire 10 minutes dans une casserole d'eau bouillante, puis égouttez-les.
2. Dans une sauteuse, faites fondre le beurre. Ajoutez les choux de Bruxelles et laissez-les cuire 10 minutes environ, jusqu'à ce qu'ils soient tendres, en mélangeant régulièrement. Ajoutez un peu d'eau si nécessaire en cours de cuisson.
3. Pelez et hachez l'ail. Râpez le parmesan.
4. En fin de cuisson, ajoutez l'ail, salez, poivrez et mélangez. Saupoudrez de parmesan avant de servir.

Potée de choux de Bruxelles

Pour *4 personnes* - Temps de préparation : *15 minutes*
Temps de cuisson : *40 minutes*

Ingrédients

400 g de choux de Bruxelles
4 carottes
4 pommes de terre
2 oignons
2 clous de girofle
1 cuillerée à soupe d'huile d'olive
2 saucisses de Morteau
1 litre d'eau
1 brin de thym
2 feuilles de laurier
Sel, poivre

Préparation

1. Rincez les choux de Bruxelles, retirez leur pied si nécessaire et laissez-les entiers.
2. Épluchez les carottes et coupez-les en tronçons. Épluchez les pommes de terre et coupez-les en morceaux.
3. Pelez les oignons. Émincez-en un et piquez l'autre avec les clous de girofle.
4. Faites chauffer l'huile d'olive dans une cocotte. Ajoutez l'oignon émincé et laissez-le fondre 5 minutes à feu doux.
5. Ajoutez les carottes, l'oignon piqué et les saucisses, faites revenir 5 minutes, puis versez 1 l d'eau bouillante. Ajoutez le thym et le laurier. Salez et poivrez. Laissez cuire 10 minutes.
6. Ajoutez les pommes de terre et les choux de Bruxelles. Faites cuire 20 minutes.
7. Coupez les saucisses en tranches avant de servir. Servez bien chaud.

LES ÉPINARDS

Nom latin : *Spinacia oleracea L.*
Famille botanique : *Amaranthacées*
Type : *légume-feuille*

Originaire d'Iran, l'épinard est apprécié depuis longtemps pour son goût et ses excellentes propriétés nutritionnelles. Sa culture est facile et très rapide. C'est un légume d'hiver mais aussi d'été, qu'on peut en réalité récolter presque toute l'année, à condition d'en prendre soin.

SEMER ET CULTIVER LES ÉPINARDS

Le plus simple est de partir de plants, à mettre en terre **de mai à août.** Mais vous pouvez aussi semer en graines, en pleine terre en août-septembre, pour une récolte jusqu'en décembre. Mais vous pouvez aussi les faire en mars-avril pour une récolte en été (ce qui est préférable dans le nord de la France).

Réalisez un semis en ligne, en mettant les graines à 2-3 cm de profondeur. Éclaircissez dès l'apparition des premières feuilles en enlevant un plant sur deux.

Nombre de jours avant germination : 6 à 14 jours (selon la température).
Nombre de semaines avant récolte : 6 semaines après le semis (selon la variété choisie).

LES BONS GESTES

- ✓ Les épinards détestent la sécheresse et les fortes chaleurs (attention à la montée en graines). Arrosez-les régulièrement en été afin que la terre reste humide.
- ✓ Paillez le sol pour maintenir l'humidité en été et les protéger des premières gelées du début de l'hiver.
- ✓ Procédez à un désherbage régulier.

INSECTES ET MALADIES

Les limaces et les escargots. Pour les éloigner, misez sur le marc de café, les coquilles d'œufs, les cendres à répartir au pied des plants.

Le mildiou. Il laisse des traces jaunâtres sur leurs feuilles. Utilisez du purin d'ortie en traitement.

La mosaïque. Ce virus est transmis notamment par les pucerons. Arrachez les plants malades dès les premiers signes (feuilles marron-jaune, un peu « grillées ») et brûlez-les.

ET LA CULTURE EN POT ?

Elle nécessite un pot large, mais pas forcément très profond (20 à 25 cm). Espacez les semis de 5 à 15 cm en fonction de la variété. Offrez à vos plantations un terreau de qualité, que vous pouvez enrichir de compost. Arrosez régulièrement, surtout en période estivale, mais évitez l'excès d'humidité et l'eau stagnante. Paillez la terre autour des plants pour maintenir la fraîcheur et installez votre pot à la mi-ombre.

RÉCOLTER LES ÉPINARDS

Cueillez les feuilles au fur et à mesure de vos besoins (en préservant le cœur et sans arracher toute la plante). Ainsi, de nouvelles pousses apparaîtront.

CONSERVER LES ÉPINARDS

Les épinards frais se consomment rapidement. Ils se conservent quelques jours dans le bac à légumes du réfrigérateur.

Pour les conserver plus longtemps, vous pouvez les congeler. Dans ce cas, faites-les blanchir en les plongeant 1 minute dans de l'eau bouillante. Mettez-les ensuite dans l'eau froide (pour conserver leur belle couleur verte), égouttez-les et congelez-les.

CUISINER LES ÉPINARDS

Les épinards se consomment crus, en salade, ou cuits, à la poêle avec un peu de beurre ou de crème, à la vapeur, en omelette, en quiche...

Attention : les épinards cuits sont à consommer rapidement (on ne les fait pas réchauffer le lendemain !). Sinon, leurs nitrates se transforment en nitrites, potentiellement toxiques.

LEURS ATOUTS NUTRITIONNELS

Pauvres en calories, les épinards ont des propriétés nutritionnelles très intéressantes. Ils affichent une haute teneur en chlorophylle, le « sang vert » des végétaux. Ils constituent une excellente source d'antioxydants divers, en particulier de lutéine et de zéaxanthine, bénéfiques pour la vue. Ils apportent également des fibres et de nombreuses vitamines : A, K1, E et B9 (importante notamment pour la femme enceinte), mais aussi C pour les épinards crus. Ils sont une très bonne source de minéraux : calcium, manganèse, magnésium, potassium... et bien sûr fer (mais contrairement à ce que dit Popeye, cette teneur n'est pas exceptionnelle).

Cannellonis chèvre-épinards

Pour *4 personnes* - Temps de préparation : *25 minutes*
Temps de cuisson : *45 minutes*

Ingrédients

1 échalote
1 gousse d'ail
2 cuillerées à soupe d'huile d'olive (+ 1 cuillerée à soupe pour le plat)
600 g d'épinards
12 rouleaux de cannellonis
300 g de fromage de chèvre frais
1 œuf
1 poignée de gruyère râpé
Sel, poivre

Pour la béchamel
50 g de beurre
50 g de farine
500 ml de lait
1 pincée de noix de muscade moulue
Sel, poivre

Préparation

1. Pelez et hachez l'échalote et l'ail.
2. Versez 1 cuillerée à soupe d'huile d'olive dans une sauteuse, ajoutez l'échalote et l'ail, et laissez-les fondre 5 minutes à feu doux.
3. Rincez et essorez les épinards. Ajoutez-les dans la sauteuse et faites-les fondre 10 minutes à feu moyen en mélangeant régulièrement. Une fois qu'ils sont cuits, laissez-les refroidir, puis pressez-les entre les mains afin d'éliminer un maximum d'eau.
4. Dans un petit saladier, mélangez le fromage de chèvre frais avec 1 cuillerée à soupe d'huile d'olive, l'œuf et les épinards cuits et essorés. Salez et poivrez.
5. Farcissez les cannellonis avec la préparation aux épinards à l'aide d'une petite cuillère. Disposez-les dans un plat à four préalablement huilé.
6. Préchauffez le four à 180 °C (thermostat 6).

7. Préparez une béchamel. Faites fondre le beurre dans une casserole. Puis ajoutez la farine en une seule fois et mélangez. Ajoutez petit à petit le lait en mélangeant constamment au fouet. Incorporez la muscade. Laissez cuire 3 minutes en mélangeant sans arrêt, jusqu'à ce que la préparation ait épaissi.
8. Versez la béchamel sur les cannellonis. Parsemez de gruyère râpé.
9. Enfournez pour 25 minutes. Servez chaud.

Salade d'épinards à la tomme de brebis

Pour *4 personnes* - Temps de préparation : *10 minutes*

Ingrédients

300 g de jeunes feuilles d'épinards
2 pommes
Le jus de ½ citron
100 g de tomme de brebis
10 noix
2 cuillerées à soupe de raisins secs

Pour la vinaigrette
2 cuillerées à soupe d'huile de noix
1 cuillerée à soupe de vinaigre de cidre
1 cuillerée à café de miel
1 cuillerée à café de moutarde
Sel, poivre

Préparation

1. Rincez et égouttez les épinards.
2. Lavez les pommes et coupez-les en fines tranches. Arrosez-les d'un trait de jus de citron afin d'éviter qu'elles noircissent.
3. Détaillez le fromage de brebis en dés. Concassez les noix.
4. Dans un saladier, mélangez l'huile, le vinaigre, le miel et la moutarde. Salez et poivrez. Ajoutez les feuilles d'épinards, les tranches de pomme, les dés de fromage, les raisins secs et les noix. Mélangez et servez sans attendre.

Œufs cocotte aux épinards

Pour 4 personnes - Temps de préparation : *10 minutes*
Temps de cuisson : *25 minutes*

Ingrédients

1 échalote
300 g d'épinards
20 g de beurre
4 œufs
4 cuillerées à soupe de crème fraîche
Sel, poivre

Préparation

1. Pelez l'échalote et hachez-la finement. Rincez et égouttez les épinards.
2. Faites fondre 10 g de beurre dans une poêle. Ajoutez l'échalote et faites-la fondre 5 minutes. Ajoutez les épinards et laissez-les cuire 5 minutes, jusqu'à ce qu'ils « tombent ». Égouttez-les afin d'éliminer le maximum d'eau.
3. Préchauffez le four à 180 °C (thermostat 6).
4. Graissez 4 ramequins allant au four avec le beurre restant.
5. Répartissez les épinards dans les ramequins. Cassez 1 œuf dans chacun et ajoutez 1 cuillerée à soupe de crème fraîche. Salez et poivrez.
6. Disposez les ramequins dans un plat rempli d'eau (afin de les faire cuire au bain-marie). Enfournez pour 10 à 15 minutes : le blanc des œufs doit être juste pris. Servez chaud.

LES CARDONS

Nom latin : *Cynara cardunculus L.*
Famille botanique : *Astéracées*
Type : *légume-feuille*

Cette plante de la famille de l'artichaut est une spécialité de notre région. Elle ressemble aux blettes, à la différence près que les feuilles des cardons sont indigestes : on ne consomme que les côtes aussi appelées cardes. Le gratin de cardons est un plat traditionnel de Noël dans la région lyonnaise.

SEMER ET CULTIVER LES CARDONS

Les semis se font en place **en avril-mai,** lorsque le sol est réchauffé et enrichi en compost. Semez en poquets à raison de 3 à 4 graines espacées de 80 cm à 1 m. Une fois que les plantules ont 3 ou 4 feuilles, éclaircissez pour ne garder qu'un plant tous les mètres.

Nombre de jours avant germination : 5 à 15 jours (selon la température)
Nombre de semaines avant récolte : 7 à 8 mois après le semis.

LES BONS GESTES

✓ Veillez à ce que la terre soit riche et fraîche. Paillez le sol et binez régulièrement. Arrosez modérément mais régulièrement.

✓ Environ 1 mois avant la récolte, procédez au blanchiment : ôtez les feuilles abîmées, rassemblez les feuilles vers le centre et attachez-les sans trop serrer, afin de laisser l'air circuler. Enveloppez les pieds dans du film plastique noir, puis relevez la terre tout autour du pied pour former une butte d'environ 30 cm. Cette technique permet de priver les cardons de lumière afin de les attendrir, d'éliminer leur amertume et de provoquer l'étiolement des feuilles. Prévoyez des gants pour cette opération car le cardon a des épines.

INSECTES ET MALADIES

Le puceron. Vous pouvez protéger vos plantations avec du purin d'ortie ou un traitement au savon noir.

L'altise. Pour prévenir les attaques par ce petit coléoptère, veillez à maintenir le sol humide (il n'apprécie pas l'humidité), mais sans excès (risque de mildiou). Vous pouvez aussi étaler de la cendre de bois (sans excès) ou de la terre de diatomée autour des plants.

ET LA CULTURE EN POT ?

On ne peut pas cultiver les cardons en pot car cette plante peut atteindre plus de 1,50 m de hauteur et demande un enracinement profond impossible dans un pot.

RÉCOLTER LES CARDONS

Les cardons se récoltent à partir du mois de décembre, au fur et à mesure de vos besoins. Coupez simplement la base des côtes avec un couteau.

CONSERVER LES CARDONS

Les cardons se conservent quelques jours dans le bac à légumes du réfrigérateur, enveloppés dans un linge.

Si l'hiver est précoce, arrachez les plantes avant les premières gelées avec leur motte de terre et conservez-les dans un endroit frais et sombre (comme une cave). Vous pourrez ainsi les conserver tout l'hiver.

Vous pouvez aussi les mettre en conserve : après les avoir préparés, faites-les tremper dans de l'eau citronnée pour éviter qu'il s'oxyde, puis mettez-les dans des bocaux stérilisés. Ajoutez du jus de citron (1 cuillerée à soupe pour un bocal de 1 litre), du sel (1 cuillerée à café pour un bocal de 1 litre) et de l'eau bouillante. Fermez les bocaux et stérilisez-les. Placez les bocaux dans un grand récipient rempli d'eau et faites bouillir pendant 1 heure.

LEURS ATOUTS NUTRITIONNELS

Peu caloriques, les cardons sont riches en potassium, en calcium, en magnésium et en vitamine B9. Ils constituent également une bonne source de fibres, en particulier d'inuline, une fibre soluble aux propriétés probiotiques (bonnes pour les bactéries amies de nos intestins). Ils apportent aussi, comme leur cousin l'artichaut, de la cynarine, bonne pour l'épuration du foie.

CUISINER LES CARDONS

Les cardes (côtes) se consomment exclusivement cuites. Commencez par ôter les feuilles, puis épluchez les cardes en enlevant les fils et la peau duveteuse. Découpez-les en tronçons. Faites-les tremper dans un bain d'eau vinaigrée ou citronnée, afin d'éviter leur oxydation, puis faites-les cuire 45 minutes environ à l'eau ou à la vapeur.

L'ASTUCE EN +

Pour les attendrir et réduire leur amertume, vous pouvez les blanchir avant cuisson en les plongeant 5 minutes dans une casserole d'eau bouillante.

Poêlée de cardons et pommes de terre

Pour *6 personnes* **- Temps de préparation :** *15 minutes*
Temps de cuisson : *50 minutes*

Ingrédients

4 pommes de terre
1 cardon
Le jus de 1 citron
2 cuillerées à soupe de gros sel
1 échalote
20 g de beurre doux
1 brin de thym
Sel, poivre

Préparation

1. Épluchez les pommes de terre, coupez-les en gros morceaux et faites-les cuire 20 minutes à la vapeur.
2. Épluchez et effilez le cardon. Coupez-le en tronçons et faites-les tremper dans de l'eau citronnée.
3. Dans une cocotte, faites bouillir 3 litres d'eau avec le gros sel, plongez-y les cardons et faites-les cuire 20 minutes à feu doux. Vérifiez la cuisson : ils doivent être tendres.
4. Pelez et émincez l'échalote.
5. Faites chauffer le beurre dans une poêle. Ajoutez l'échalote et les pommes de terre et faites-les dorer 5 minutes. Ajoutez ensuite les cardons égouttés et le thym. Salez légèrement et poivrez. Laissez chauffer encore 5 minutes et servez.

Gratin de cardons de la maman de Jérôme

Une recette typiquement lyonnaise !
Pour *6 personnes* - Temps de préparation : *15 minutes*
Temps de cuisson : *1 h 15*

Ingrédients

1 cardon
Le jus de 1 citron
2 cuillerées à soupe de gros sel
70 g de beurre doux (+ 1 noix pour le plat)
1 oignon
150 g de lardons nature
2 cuillerées à soupe bombées de farine
750 ml d'eau
2 poignées de gruyère râpé
Sel, poivre

Préparation

1. Préchauffez le four à 200 °C (thermostat 6-7).
2. Épluchez et effilez le cardon. Coupez-le en tronçons et faites-les tremper dans de l'eau citronnée.
3. Dans une cocotte, faites bouillir 3 litres d'eau avec le gros sel, plongez-y les cardons et faites-les cuire 20 minutes à feu doux. Vérifiez la cuisson : ils doivent être tendres.
4. Égouttez-les et disposez-les dans un plat à gratin préalablement beurré.
5. Pelez et émincez l'oignon.
6. Dans une casserole, faites fondre le beurre. Ajoutez les lardons et l'oignon émincé, et faites-les revenir à feu moyen jusqu'à légère coloration. Ajoutez la farine et mélangez pour bien enrober les lardons et les oignons. Salez légèrement et poivrez. Ajoutez l'eau et remuez jusqu'à ébullition. Laissez cuire 5 minutes à feu doux.
7. Versez le gruyère râpé et la préparation aux lardons et à l'oignon sur les cardons. Mélangez et enfournez 45 minutes.

REMERCIEMENTS

Un immense MERCI à toutes les équipes de *L'Amour est dans le pré* pour leur bienveillance et leur gentillesse depuis le début de notre rencontre.

Merci à Karine Le Marchand, notre bonne fée, pour la rédaction de notre préface mais aussi pour son amitié, son authenticité et sa dévotion aux côtés des agriculteurs français.

Merci à Alix Lefief-Delcourt pour son implication et son aide si précieuse.

Merci à toutes les équipes des éditions Leduc pour leur accompagnement, leur professionnalisme et leur travail autour de ce livre qui nous tenait tant à cœur.

Merci à Julien Dupuis de nous avoir mis sur le chemin de l'écriture.

Merci à nos amis, nos soutiens depuis le début de cette incroyable aventure de vie.

Merci à nos parents pour leur éducation et la transmission de leurs valeurs.

Merci tout particulièrement à Fabienne et Jean, merci pour cet héritage familial, agricole et culinaire. Merci d'être d'aussi bons et humbles grands-parents.

Merci à vous tous qui êtes lecteurs de ce livre, merci à vous tous qui suivez notre quotidien, si nombreux sur les réseaux sociaux depuis maintenant plus de 2 ans, vous êtes un véritable moteur et une source d'inspiration, merci pour tout votre amour.

MERCI mille fois à chacun.

Avec tout notre amour,

Jérôme et Lucile

Annexe : calendrier des plantations et des récoltes

	Janvier	Février	Mars	Avril	Mai	Juin
AUBERGINES					En plants	
BETTERAVES					En plants	
BLETTES					En plants	
CARDONS					En graines	
CAROTTES					En graines	
CÉLERIS-RAVES					En plants	
CHOUX DE BRUXELLES						En p
CHOUX-FLEURS						
CONCOMBRES				En graines		
COURGES					En graines	
COURGETTES					En graines	

Plantation

Récolte

Juillet	Août	Septembre	Octobre	Novembre	Décembre
En plants					
En plants					
En plants					
En graines					
En graines					

	Janvier	Février	Mars	Avril	Mai	Juin
ÉPINARDS					En plants	
HARICOTS VERTS					En graines	
LAITUES					En plants	
NAVETS					En graines	
PETITS OIGNONS BLANCS			En plants			
PETITS POIS		En graines				
POIREAUX						En plants
POIVRONS					En plants	
POMMES DE TERRE				En bulbes		
RADIS ROSES				En graines		
TOMATES					En plants	

Plantation

Récolte

Juillet	Août	Septembre	Octobre	Novembre	Décembre
En plants					
En graines					
En plants					
En graines					
En plants					
En graines					

TABLE DES RECETTES

TABLE DES MATIÈRES

Notes

Notes

Cet ouvrage est composé de matériaux issus de forêts bien gérées certifiées FSC®, de matériaux recyclés et de matériaux issus d'autres sources contrôlées.
Le Forest Stewardship Council® est une organisation internationale non gouvernementale qui encourage une gestion écologiquement adaptée, socialement bénéfique et économiquement viable des forêts de la planète. Pour en savoir plus, consultez le site www.fsc.org

FSC
www.fsc.org
MIXTE
Papier issu de sources responsables
FSC® C007507

Achevé d'imprimer en août 2022 par Graphycems
Dépôt légal : octobre 2022
Imprimé en Espagne